民話いっちょ、食べてみらんの

筑後川流域の民話

川野栄美子

はじめに

民話は誰が何のために語り継いできたのでしょうか？

民話には作者の名前などありません。誰が作ったのかもわからない話を、多くの人々が語り継いできました。

そして人々が語り継いでいくうちに、民話の中に神様が宿ります。

何を信じ、何を恐れ、何に感謝したのか、その価値観が民話に混ざり込んでいったのです。

筑後川流域の民話を比較研究してみると、「優しさ」と「恐ろしさ」がバランスよく組み込まれ、この地域に暮らす人々がどんな人間を「良い人間」と考えたのかが見えてきます。

人々が民話を語るのは、どうすれば人間として成長できるか、どうすれば幸せになれるのか、それを子や孫に伝えるためだったのです。

さて、本書では数ある民話のなかから、筑後川流域に伝わる――それも「食」と関わりのある民話を集めました。

「食は幸福の基本」です。

料理を作ることは、食べる人への思いやりや想像力を養います。

そして、食べる人も料理人の想像力に心を動かされ、感謝の気持ちが湧いてきます。

こうして「食」を通してお互いへの思いやりが育まれるのです。

筑後川流域の民話は、縦軸と横軸のバランスのもとで成り立っています。縦軸には身体を育てる「食べ物」があり、横軸には心を育てる「仏教の教え」があります。民話はこの二つと深くつながっているのです。

それもそのはずで、食べることは生きることや感動に繋がり、生きることや感動は幸せに繋がり、幸せを伝えようとして生まれたものが民話なのですから。

本日はおいしい民話をご用意して、あなたをお待ちしておりました。

どうぞごゆっくりお召し上がりくださいませ。

二〇二〇年二月　　民話料理長　川野　栄美子

民話いっちょ、食べてみらんの　＊もくじ

御献立

五穀米《ごこくまい》

天熊宇志《あめのくまうし》

ずーっとむかしの話《はなし》たい。[*1]
天照大神《あまてらすおおみかみ》さんな、[*2] 孫《まご》の瓊瓊杵命《ににぎのみこと》が豊芦原《とよあしはら》の中《なか》つ国《くに》へいらっしゃる
[*3]こつになって、まず、たべものなあるじゃろうかち、心配《しんぱい》しよらした。[*4]
そいで[*5]弟の月読命《つくよみのみこと》に、
「中つ国さん行ってたべものば調べてこい」
[*6]ち、頼んだげな。[*7]

＊1　～です
＊2　～は
＊3　～こと
＊4　～していた
＊5　それで
＊6　～と
＊7　～そうです

月読命は牛に、

「ここんにきに*8、なんかたべものはなかか」

ち、聞かしたげな。

すると牛は山ん方ば向いて、口から兎《うさぎ》や猪《いのしし》、鳥ば吐き出したげな。

こんどは海の方ばみて、魚や貝ば吐き出したげな。

そればみた月読命は汚いと腹けえて*9、刀で牛ば殺さしゃった*10げな。

そのことば天照大神に報告《ほうこく》せらしゃったげにゃ。

「何ちゅう短気なこっば*11したか。お前のような者には任せられん」

ち叱って、今度は天熊宇志《あめのくまうし》ば呼んで、

「もういっぺん、中つ国さん行ってたべものば探しておくれ」

ち、頼ましたげな。

天熊宇志が中つ国の海岸《かいがん》にきてみると、牛が死んでおったげな。

よくみると頭には牛と鳥が生まれ、顔にはあわ。

---

*8　このあたりに
*9　怒って
*10　殺した
*11　ことを

眉《まゆ》にはかいこ。

目にはひえ。

腹にはいね。

陰部《いんぶ》には麦と豆がなっとった[*12]げなばい[*13]。

天熊宇志はこれば持って帰り、天照大神に差し出したげな。

そしたら、ほんに[*14]喜ばしゃって、

「これはみんな人間が食べていくもんで、大事なもん。お前はこの種ば持って、中つ国へ行き、あわ、ひえ、麦、豆は畑に植え、稲は水田に植えるがよか[*15]」

ちいうて、天熊宇志に種ばやったげな。

天熊宇志はその種ば持って、中つ国へきて、ほうぼうよか土地ば探さしゃって、種ば植えたげな。

備前《びぜん》の牛津《うしづ》は天熊宇志が上陸《じょうりく》したところとして知られとるばい。

＊12　なっていた
＊13　〜らしい
＊14　本当に
＊15　〜がいい

城島町筒江《じょうじままちつつえ》ん牛木《うしき》は稲ば植えたところにあたるばい。
だけん、*16 農業が発展ばしよったと。*17
はい、おしまい。

※天熊宇志《あめのくまうし》…「日本書紀」に見える神。天照大神の命令で、月読命に殺された保食神の死体から生じた、五穀、牛馬、蚕などを持ち帰った。
※豊芦原《とよあしはら》…豊かな葦（草）の生い茂るところ。日本のことを指している。
※中《なか》つ国《くに》…「天」と「地」の間の国、すなわち、人間の暮らす世界のこと。

---

*16 だから
*17 ～をした

【解説】

久留米市城島町筒江には牛木大明神を祀《まつ》る宇志岐神社があります。昔は管粽《あおき》、安乎岐《あおき》と呼ばれ、弥生時代から集落があり、土器類や石剣、獣骨、唐銭などが出土しています。

久留米市城島町の牛木遺跡の他にも、有名な稲作渡来地として、唐津の菜畑遺跡、博多の板付遺跡があげられます。

弥生時代は仏教が盛んになり、神社が建立され、お寺が創立され始めた時代でした。天地の始まりについて語った神話は、「古事記」や「日本書紀」に記録されており、天熊宇志の源流も「日本書紀」にあります。

日本列島はアジアの東の端にあり、昔から様々な文化が流れてきました。

複雑な文化の重なり合いは、自然の災いと恵みに翻弄《ほんろう》されながらも様々な神を信じ、肥沃《ひよく》な土地に実る五穀米《ごこくまい》を食し、日本民族の文化とでも表現すべきものが形成されました。

それは神話からもうかがうことができます。

にな貝 玉垂宮《たまたれぐう》とにな貝

むかし、神功皇后《じんぐうこうごう》さんが三韓征伐《さんかんせいばつ》にいかした*1げな。*2

そしていざ戦うときになると、神功皇后さんが、「潮引く玉《しおひ》」を海のなかに投げ込んだげな。

するとあっという間《ま》に潮が引いてしもうた*3げな。

そしたら大変なこつ*4がおきた。

相手方の船は、ゆらゆらと揺《ゆ》れて、倒れてしまったげな。

＊1 〜へ行った
＊2 〜そうです
＊3 〜しまった
＊4 こと

そして神功皇后さんの船も本当に倒れそうになったげな。

そのとき、ざわざわ、ざくざくと音がして、神功皇后さんが乗ってる船にめがけて、海から何かがやってきたげな。

ようみるとそれは、にな貝じゃったげな。

にな貝はみんなで力をあわせて、しっかりと神功皇后さんが乗ってる船ば[5]支えたげな。

だけん[6]、神功皇后さんの船は倒れんじゃった。

「お前たちのおかげだ。本当にありがとう、ありがとう」

ち[7]、たいそうよろこばした[8]げな。

にな貝も嬉しくなって、神功皇后さんの船にしっかりとしがみついて、日本までついてきたげな。

ついたところは、九州は有明海《ありあけかい》の大川《おおかわ》じゃったげな。

大川の港から、今度は久留米《くるめ》の玉垂宮《たまたれぐう》というところまでやってきて、

＊5　〜を
＊6　だから
＊7　〜と
＊8　喜んだ

ここに大きな大きな大楠《おおくす》があったけん、*9 この大楠の木に大きな紐《ひも》をむすんで、船を休ませたげな。

そこで、神功皇后さんをはじめ船乗りは、船から降りて大善寺玉垂宮に参拝ばさした。

その時、にな貝たちもほっとして、

「やれやれ、俺たちもやっと休まれる」

と喜んで船から大楠の木によじ登って、眠てしまったげな。

神功皇后さんな、参拝ばすると別の船に乗って旅立っていかした。

それとも知らず目を覚ましたにな貝たちは、

「神功皇后さまはまだ帰ってこん」

と何度もいいながら待っとったげな。

待ちくたびれたにな貝は石のように固くなって、いまでん神功皇后さんの帰りば待っとっとばい。

*9　～から

ようと見てみらんの。
大楠にいまでんにな貝ば見るこつができるとばい。
ほんなこつじゃろうか。[*10]
はい、おしまい。

＊10　ほんとうだろうか

【解説】

久留米市大善寺《だいぜんじ》町にある玉垂神社の桜門内では、神功皇后が御船をつないだといわれる大楠《おおくす》をいまでも見ることができます。

民話の中には「船を降りたにな貝が大楠によじ登って休んでいる間に神功皇后が出発してしまった」という一節があり、一見するとのんきで微笑ましいエピソードですが、これを紐解くとまた別の面白い物語が見えてきます。

神功皇后はこの地で海船から川船へと乗り換えます。元の船よりも小さくなるので、乗れる船員の数も少なくなり、ここで下船しなければならない者も出てきます。置いていかれたにな貝とは、すなわちここで下船した船員たちのことなのです。

しかし、そもそも乗り換えられる船が用意されていることからもわかるように、一部の船員たちの旅がここで終わることは彼らも承知していました。

ではなぜ彼らがこの地に残ったのか。

それは、この地には金や銀、そして不老長寿を与えるという仁丹《じんたん》――すなわち硫化水銀《りゅうかすいぎん》が眠る地と信じられていたからです。

窮地《きゅうち》の神功皇后の船を支えたにな貝は、一獲千金《いっかくせんきん》を夢見て神功皇后に付き従った人々なのです。

そしてもう一つ、この物語は環境的な特徴を捉えています。

にな貝には「海にな貝」と「川にな貝」があります。神功皇后は海からにな貝たちを連れてきて、この地に残して行かれました。それを象徴するように、海からこの地まで生息しているにな貝は「海にな貝」です。そしてこの大善寺より先に生息するのは「川にな貝」なのです。

かつての人々の営み、ここで暮らす生物の特徴、にな貝の風変わりな渦巻き模様。こうしたいくつかの印象的な特徴が混ざり合い、語り継がれていくことで、この神秘的な民話が誕生したと見ることができるのでしょう。

鯰

百叩《ひゃくたた》きになった鯰《なまず》

むかし、ちっご川[*1]の鯰《なまず》は天《てん》の神様に仕えておったげな[*2]。[*3]
ある日のこと、神様からありがたいお言葉があったげな。
「川を守ってくれている鯰たちよ。お前たちのおかげで、魚たちは元気で仲間も増えてきた。褒美《ほうび》に長いひげを与えよう。このひげは、川に災難《さいなん》が起きたらすぐに知らせてくれる不思議《ふしぎ》なひげじゃ。何かあったら必ず知らせておくれ」

＊1　筑後川
＊2　いた
＊3　～そうです

そうして鯰に長いひげがついたげな。鯰はうれしくてうれしくて、長いひげば*4ぴくぴくと動かし朝から夕方まで働いたげな。

それから一年経《た》ったげな。

川の魚は元気で、なーんもおこらんじゃった。

三年経ったげな。

川の魚は元気で、なーんもおこらんじゃった。

五十年経ったげな。

「なんでん*5おきらんばい、安心、安心じゃ」

鯰は安心したのか、働かずに寝たり食べたりして過ごしたげな。

百年経った朝のこったい*6。

「阿蘇《あそ》のお山があばれだしたぞ！」

ち*7いうて、小魚たちが大勢で逃げ出したげな。

そしたら、川底がガタガタしてきたげな。その音に鯰が飛びおきる

＊4　～を
＊5　なにも
＊6　ことです
＊7　～と

と、長いひげがびゅーんち伸びて、危険が迫っているこつ[*8]がわかったげな。

「はよう[*9]神様にお知らせせんと、しかられるぞ」

しかし寝てばかりいた鯰はまるまると太って、体が重たくて速く泳ぐことができんじゃった。

その時、どーんという大きな音とともに大地震《だいじしん》が起きて、たくさんの魚や貝が死んでしもうた[*10]げな。

神様は怒って、

「鯰ば百叩《ひゃくたた》きの刑に処《しょ》する」

ち、言わした[*11]げな。

だけん[*12]鯰は今でん[*13]、お寺の木魚《もくぎょ》となって、百回、ぽく、ぽくと叩かれているげなばい[*14]。

はい、おしまい。

＊8　こと
＊9　はやく
＊10　〜しまった
＊11　言った
＊12　だから
＊13　今でも
＊14　〜らしい

【解説】

鯰と地震の民話は、かつて地震が起きた多くの地域に残されています。

この民話は筑後川上流から中流——浮羽《うきは》、吉井《よしい》、田主丸《たぬしまる》、久留米《くるめ》にまたがって残されており、これは水縄系活断層群《みのうけいかつだんそうぐん》と呼ばれる活断層と重なるような分布です。

田主丸町の森山阿蘇神社の近くには巨大な白鯰が生息《せいそく》すると信じられていて、駒ケ渕《こまがふち》の左右の岩のずれは地震による活断層のずれによって生じたものです。

水縄系活断層に沿って多くの神社が建立されているのは、地震による地割れや災害が少しでも鎮《しず》まるようにと人々が祈った結果によるものです。

そして森山阿蘇神社等に残るこの民話は、阿蘇山岳宗教と修験道《しゅげんどう》の移動とともに、地震神や地震鯰として伝えられていきました。

「日本書紀」には天武天皇《てんむてんのう》7年12月の条に、筑紫国で大地震が起こり、多大な被害が発生したことが伝えられています。

民話では「なんもおこらん」と鯰は安心しきり、次第に怠《なま》けるようになっていきますが、災いというものはそうした安寧《あんねい》の中にこそ突然発生してしまうものです。

この民話は私たちも身につまされるものがあります。

特に近年は地震や自然災害が目立ち、毎年といっていいほど、日本各地で被害が出ています。「災害は忘れたころにやってくる」とは昔のことであり、今日では「災害は忘れる間もなくやってくる」に変わってきました。

身近な人が亡くなったり、住んでいた場所がなくなってしまう。

こうしたどうしようもない悲しみを、昔の人々は「百叩きの刑に処する」ことで慰めようとしたのです。

そんな人々の想いとともに、寺の木魚《もくぎょ》となった鯰は、今日も災害で亡くなられた人々のために祈り続けているのです。

斉魚

斉魚《えつ》の由来《ゆらい》

むかし、夕暮《ゆうぐ》れ時、みすぼらしい旅のお坊さんが、しょんぼりとして渡し場に立って、川の中ほどまで漕《こ》ぎ出した渡し舟を見て溜息《ためいき》をついて思案《しあん》にくれていたげな。*1

そこへ漁師《りょうし》らしい若者が、声をかけらした。*2

「坊さん、坊さん、どげんしたとの*3」

すると坊さんな*4、

＊1　～そうです
＊2　声を掛けた
＊3　どうしたの？
＊4　～は

「渡し舟に乗れず困っておる。ここの渡し舟はお金がいるし、生憎《あいにく》、拙僧《せっそう》にはお金もない。今日のうちに嶺《みね》の県《あがた》まで着きたいのじゃが、困ったものだ……」

若者は、むぞうなってきていうたげな。

「おいが舟ばってん乗らんの。渡してあげるたい」

お坊さんな、

「ありがたい、ありがたい」

ちいうて、喜んで乗らしたげな。

若者が聞いたげな。

「お坊さんな、何処《どこ》から来なさったとの」

「わたしは四国《しこく》の生まれで、仏様修行《ほとけさましゅぎょう》するため遠い唐《とう》という国に行って、いまは帰る途中でな。これから大宰府《だざいふ》まで行くところじゃ」

やがて舟が津《つ》に着くとお坊さんな、

＊5　気の毒になって
＊6　わたしの
＊7　〜だけど
＊8　〜と
＊9　来たんですか？

「あなたは漁師のようだから、お礼に魚を呼んであげよう」

そしてお坊さんな、川岸の葦野《あしの》から四、五枚の葦《あし》の葉を採《と》ると、また舟に戻って静かにお経《きょう》を唱《とな》え始めたげな。

力強い声が川面《かわも》に響き、手に持っていた葦の葉を一枚また一枚と水に流さしゃったげな。

すると、不思議《ふしぎ》や不思議。

たちまち銀色の魚になって四方に散っていったげな。

若者はたまげて、*10

「お坊さん、あん*11魚はなんじゃろうか」

ち、訊《たず》ねたげな。

「あれは、わたしが唐の国で修行している時に斉《せい》というところで見かけた魚じゃ。川の名前は長江《ちょうこう》というて、この筑後川《ちくごがわ》よりも、もっと大きくて広い川でな、この川と同じく潮が満ちたり引いたりするの

＊10　おどろいて
＊11　あの

じゃ。毎年、葦の葉が茂《しげ》るころ、大勢の仲間を連れて魚がのぼってくるはずじゃろうから、若者よ、この魚を捕《と》って暮らしの足《た》しにするがよい」

そういうた*12かと思うと、もうお坊さんの姿は夕焼け雲の中に消えていたげな。

実はこのお坊さんな、弘法大師《こうぼうたいし》じゃったたちいう話ばい。

はい、おしまい。

※嶺《みね》の県《あがた》…ここでは、大宰府の戒壇院《かいだんいん》を指す。

---

*12 言った

【解説】

斉魚《えつ》は中国・朝鮮半島沿岸・有明海の奥部にしか生息していないカタクチイワシ科の魚で、幻の魚とも呼ばれています。

日本では毎年5~7月に筑後川の中流・下流（大川市、久留米市）でのみ獲ることができます。

中国では「刀魚」、朝鮮半島では「葦魚」という漢字が当てられることもあります。

その姿は弘法大師が葦の葉を斉魚に変身させたという伝説にふさわしく、全長30~40センチにまで成長し、左右から押しつぶされたように細長く平たい体は、まさに葦の葉を連想させせます。

斉魚の伝説に登場する弘法大師は、真言宗《しんごんしゅう》の空海《くうかい》のことです。

生前、呪力《じゅりょく》を操《あやつ》る僧として名を馳《は》せた空海は、帝《みかど》の命を受けて干ばつで苦しんでいた京都に雨を降らせた話や、貧しい村のために塩水を掘り起こした話など、全国各地に多くの伝説を残しています。

畏敬《いけい》の念を抱かれた空海の伝説は生前だけにとどまりませんでした。高野山金剛峯寺《こんごうぶじ》の奥の院の石棺の中で、*結跏趺坐《けっかふざ》の姿のまま*入定《にゅうじょう》した空海は、死後49日目に髪の毛とひげが生え始め、体温を取り戻したことから、「空海は復活した」という伝説が生まれます。

復活した空海は魂だけで諸国を回り、水不足に悩む人々のために井戸や泉を掘ったという言い伝えを全国に残しました。

このように水と縁の深い空海に由来する斉魚は、いまでも地元の人々にとって大切な存在として大事にされています。

＊結跏趺坐＝禅の座法

＊入定＝聖者や高僧が死ぬこと

酒米《さかまい》

酒屋《さかや》と油屋《あぶらや》

神功皇后《じんぐうこうごう》さんが三韓征伐《さんかんせいばつ》に出兵した帰りのことじゃった。[*1]

榎津《えのきづ》に船をつけて油屋《あぶらや》に立ち寄ったところ、その主人は見向きもせず、お茶の接待《せったい》もせんじゃったげな。[*2]

そして神功皇后さんが、

「私達はなにも食べてないので、なにかわけてくださいませんか?」

ち[*3]いうと、その主人は怒ったような顔をして、

＊1　ことでした
＊2　〜そうです
＊3　〜と

「あんたに食べさせるごたもの[*4]はなんもなか」

ち、いうたげな。

神功皇后さんな[*5]、ほんに[*6]がっかりして、仕方がなく今度は酒屋《さかや》さんにいったげな。

そして神功皇后さんな、丁寧《ていねい》にお願いしたげな。

そしたらそこの酒屋の主人はにこにこして、

「さぞお腹《なか》が空《す》いて大変でございましょう」

ちいうて、さけごわいを食べるように勧《すす》め、心からもてなしたげな。

でもこんとき[*7]、準備が間に合わんやったけん、やさい菜と、葦《あし》の茎《くき》を箸《はし》として差し出したげな。

神功皇后さんな、さけごわいとやさい菜を食べて、

「これほど美味《おい》しいものはなか」

ちいうて、よろこばしたげな。

＊4　～のようなもの
＊5　～は
＊6　ほんとうに
＊7　この時

葦の茎の箸も、

「とてもいい香りがする箸じゃ」

ちいわして、さけごわいや、やさい菜を本当に美味しそうに食べさした[*8]げな。

食べ終わって、神功皇后さんはたいそうよろこばれ、

「この地域《ちいき》では油屋はつぶれるが、酒屋は栄《さか》える」

ち、いわれたげな。

そしたらほんなこつ[*9]、油屋はつぶれて酒屋は栄えたげな。

この大川《おおかわ》に酒屋が多いのは、神功皇后さんのおかげたい。

はい、おしまい。

※さけごわい…酒を造るときに出来た、蒸したお米のこと。

＊8　～られた
＊9　ほんとうに

【解説】

神功皇后を祀《まつ》る風浪宮《ふうろうぐう》の創建は１８００年前といわれ、これは弥生時代の初期頃です。朝鮮三韓（新羅《しらぎ》、百済《くだら》、高句麗《こうくり》）へ出兵し勝利した神功皇后は、日本へと戻るときに船が転覆《てんぷく》しかねないほどの嵐に見舞われます。

しかし、１羽の白い鳥に導かれることで事なきを得て、無事に日本にたどり着きます。

「津を得た」、神功皇后がそういったことから、その地は得津、さらに榎津と呼ばれるようになったという話が伝えられています。

そして帰国したばかりの神功皇后は、食料を求めて油屋を訪ねるものの油屋には断られてしまいます。

一方、その後に訪れた酒屋では、酒造の原料である酒ごわいを振舞ってもらい、いたく感動したのでした。

「この地では酒屋は栄えるが油屋はつぶれる」

という予言を残していることからも、お客を大切にすることが商売の基本であると伝えるために商売人たちが語り継いできたのでしょう。

さて、酒屋でもてなしを受けた神功皇后一行は、その後、自分たちを導いてくれた白い鳥を追いかけ、大きな樟の木にとまっている白鷺《しらさぎ》を発見します。

神功皇后は白鷺が止まっていた樟の木をご神木《しんぼく》、その周りを聖域として、社殿を立てるように命じました。

それが今日にも残る風浪宮の起こりです。

これらの民話の背景を紐解いていくと、この地では古くより港があり、酒造が行われ、油屋が傲慢《ごうまん》でいられるほど栄えていたこと、つまり多くの人が行き交う賑《にぎ》やかな村であったことがわかります。

弥生時代より始まった日本酒の酒造は、奈良時代には朝廷のために国家が酒造所を設けるようになり、平安時代には寺社や民衆へと広がっていきました。

そして現代にいたるまで連綿と研究や改良が重ねられています。

かつては量を求められた日本酒も、いまでは質を求められるようになりました。

そして成長を続けてきた日本酒は、近年の世界的な日本食ブームを背景として輸出量が増加しています。

遠い民話の世界は、いまを生きる私たちにつながっているのです。

箸休め「たどし」

突然の電話だった。

「たどしって知っているね?」

電話の主は友人であった。

「知らんよ」

「あんたは大川の生まれではなかけん知らんよね。ばあちゃんが、たどしを持ってきてくれたけん、家に来んね」

私は車の運転をしながら考えた。

たどしとは果たして何であろうか。古くからある野菜や芋の名前だろうか。

そんなことを考えているうちに友人の家にたどり着くと、近所のおばさんたちの聞きなれた笑い声が玄関まで届いていた。

「遅かったね。たどしが、お待ちかねよ」

いよいよ、例のたどしとご対面であった。

目に飛び込んできたのは、びっくりするほど大きな木の箱にぎっしりと詰め込まれた茶黒い物体であった。

「これは何でできとると？」

「ウチでとれたもち米と小豆。買ったものは砂糖くらいよ」

私が問うと友人はそう答えて、小さく切り分けたたどしを取り分けてくれた。

たどしの断面は三層になっていた。

下にきなこ、中にもち米、そして上にはあんこがたっぷりと乗っている。とてもおいしそうであった。

「はよ食べ。このおいしさは、食べんとわからん」

近所のおばさんにうながされ、慌ててたどしを口に放り込んだ。

もち米の上品な甘さを舌先で感じたと思えば、すぐにあんこのどっしりとした甘さが口いっぱいに広がる。

そこにきなこの香りが混じり、さらには皆とのおしゃべりの楽しさまで加わって、私はなんともいえない幸福感に満たされた。

「たどしはこの辺りの郷土菓子で、小豆のあんこは田の土を、もち米の白は田の水を、きなこの黄色は稲穂を表しているの」

おばさんたちが教えてくれた。

「昔はお正月に食べる祝菓子だったから、子どものころはお正月がくるのが楽しみだったのよ」

「そうそう、正月は男の人は酒ば飲むけど、女は飲まん。女は甘いもんが好きだけん、大みそかに、たどしばたくさん作ったものよ」

「正月三が日までは、女は台所に立たなくてもいいように、料理も和菓子もまとめて作れるように知恵を絞ったの」

「そういえば、お正月におめでとうというけど、本当は寒い土の中から芽を出す力を祝って『お芽出とう』といったそうよ」

「じゃあ、たどしと同じで田の神様に感謝することがお正月になるんじゃないの」

それからも話は脱線し続けて、おばさんたちのおしゃべりは止まらなかった。

けれども知らないことをたくさん学べる一日であった。

後日調べてみると、たどしは「田尊し」と書くようであった。

田を尊ぶ——田の神様に感謝をするこのお菓子は、お正月になると神様や仏様にお供えをして、家族やお客様にも出して、皆で食したそうである。

昔からお米がとれる田は特別な場所であり、天地からの恵みである米もまた、特別なものであった。

だから地元の人々は「米を作る」とはいわず「米がとれる」、「米ができる」といった。

そして虫や鳥たちを育むために落穂を田に残し、自然界に対して畏敬を表した。

また、「田を尊ぶ」ことは日本文化や歴史にも密接に関わっている。

しかし、もはや家庭で「たどし」を作る人はいない。

「たどし」を残すには、作った人の経験や情感をどう伝えていけばいいのだろうか。

苦労はいるだろうが残す価値のあるものだ。まずはその自覚を持たなければなにも始まらない。

嬉しいことに、私も参加させていただいている大川市婦人会では「たどし」作りに挑戦をしている。

「心を豊かにする和菓子たどし」を世界中が驚く小さなアートとして発信したい。

夢はふくらむばかりである。

【たどしの作り方】（14〜15人分）

①もち米を一升（約1・5㎏）炊く。

②小豆（6〜7合）を炊き、水分を飛ばす。

③炊きあがった小豆に砂糖（1㎏）と塩（少々）を加えてつぶし、あんこを作る。

④①で炊きあがったもち米を軽くつぶす。

⑤木製のせり箱（なければタッパーでもよい）を用意する。

⑥きなこ（500g）を作る（砂糖はいれずに塩を少量いれる）。

⑦⑤で用意した箱にきなこをしきつめる。
⑧きなこの上に④のもち米を平らになるように広げる。
⑨その上に③で作ったあんこをのせて広げる。
⑩味が馴染むように少し時間をおく。
⑪縦8センチ×横5センチほどの長方形に切る。
＊ポイント：お米もあんこも柔らかすぎず固すぎない具合に作るのがコツ。

蛤《はまぐり》
はまぐり姫《ひめ》

むかしむかし、筑後川《ちくごがわ》と有明海《ありあけかい》の川と海が出会うところに、貧《まず》しい魚とりの老夫婦《ろうふうふ》が住んでおった。

ある日、じいさんが、

「ばあさんや、ひさしぶりに海に行こうかの」

ばあさんな[*1]喜んで、じいさんと舟で海にでかけらした。けれどしばらくすると、風が吹きだし舟が揺れて魚ば[*2]釣るどころじゃなかごつ[*3]

＊1　〜は
＊2　〜を
＊3　どころじゃなかった

なったげな。[4]

ばあさんなえずなって、[5]

「じいさんや、釣《つ》りばやめて、はようかえろう」

するとじいさんが、

「おお、なんか引っかかったばい」

釣り上げてみると、はまぐりが餌《えさ》に食らいついとったげな。

ばあさんな、小さなはまぐりを見て、がっかりしていうた。

「そげな[6]はまぐり一つじゃ、夕飯《ゆうはん》の足《た》しにもならん、海に捨てんの[7]」

そのはまぐりが、じいさんだけ聞こえるごて[8]いうた。

「海に捨てないで、捨てないで」

じいさんなたまげて、[9]

「ひゃあ、こんはまぐりは人の言葉ば話すばい」

するとばあさんがおこって、

＊4　～そうです
＊5　こわくなって
＊6　そんな
＊7　～しなさい
＊8　ように
＊9　おどろいて

「あんたなんちゅうこつ[10]ばいうの、はまぐりが話すなんちゃ[11]聞いたこつがなかばい」

そいでん[12]、じいさんな、はまぐりば大切に家に持って帰らしたげな。

ひと月もたつと、はまぐりは人間の頭ぐらい大きくなったげな。

その日、じいさんとばあさんが寝ていると、がさがさ、と音がしたげな。

目をこすり見てみると、なんとはまぐりが動き出したげな。

その日は満月《まんげつ》で、月が闇《やみ》を明るく照《て》らしていたげなばい[13]。

じいさんとばあさんが後をつけていくと、動きがぴたりと止まったげな。

すると、「ぽーん」と大きな音とともに、はまぐりが二つに割れて、中から赤ちゃんが生まれたげな。

びっくりしたじいさんとばあさん。

＊10　なんということ
＊11　～なんて
＊12　それでも
＊13　～らしい

でも、二人には子どもがいなかったので、出てきた女の子を自分の子どもとして、かわいがって育てらしたげな。

名前は「はまぐり姫」ち*14、付けらしたげな。

はまぐり姫はどんどん大きくなっていかしたげな。

じいさんといっしょに魚をとったり、ばあさんと畑仕事もするし、村の子どもたちもかわいがったので、みんなから好かれとったげなばい。

でもな、はまぐり姫が日に日にやせていくので、ある日のこと、ばあさんが心配して聞いたげな。

するとはまぐり姫が、

「私はこの世の者ではありません。月の世界に住んでいました。月ではわがままだらけで、とうとう月の神様が怒って、私を海へと落としました。はまぐりとなって海をさまよっていた私は、おじいさんと

＊14　〜と

おばあさんに助けてもらいました。月の神様は私が人間として働く姿をごらんになり、次の満月になったら月へと帰るようにお伝えになられました。月に帰るのはとてもうれしいのですが、おじいさんとおばあさんとお別れするのはさびしいのです」

といって泣き崩《くず》れたげな。

じいさんとばあさんも泣きながら、

「はまぐり姫よ、私たちの子どもとして生まれてきてくれて、ありがとう」

あとは言葉にならんじゃったげな。

満月の日、いままで見たことのなか大きな月じゃったげな。

はまぐり姫は月の光に吸い込まれ、あっという間に消えてしもうた。

はい、おしまい。

【解説】

有明海は満ち潮と引き潮の差が6〜8メートルにもなる、日本有数の大変激しい干満差《かんまんさ》を持っています。

昔は今以上に有明海の潮は早く、古代有明海は久留米・宮《みや》の陣《じん》・小郡《おごおり》までもが海であったとされています。

はまぐり姫は、人間が生まれてくる喜びを伝えています。

この民話は仏教文化が要にあり、海でさまよっていたはまぐり姫が、ふたりの愛情で立派に育つという、親の愛は海よりも深いという比喩《ひゆ》でもあります。

人間も潮が満ちるときに赤ちゃんが生まれ、潮が引くときに亡くなると言われています。

私たちは大自然の営みの一部でしかありません。

はまぐり姫の話に出てくる月や海は、筑後川下流に残る民話の多くに登場しています。

この地域の人々にとって海川の干満差が生活にとって大切なものであり、人々はこの神秘的な現象が月によってもたらされているものだと理解していたのです。

はまぐり姫のお話は、当時の筑後に住まう人々の信仰、慣習を現代に伝えてくれる、顕著《けんちょ》な民話と言えるでしょう。

蟹

猿《さる》どんと蟹《かに》どん

むかしむかし、猿どんと蟹どんがおらした[*1]げな[*2]。

猿どんな[*3]蟹どんに、

「今日はいっちょ餅《もち》なっとん、つこやっかん[*4]」

ち[*5]、言わしたげな。

猿どんな臼《うす》ばころころ転げて、すぐに持ってこらした[*6]ばってん[*7]、蟹どんな杵《きね》ば[*8]かついで、そろそろ歩きでこらしたけん、いつまでん[*9]帰っ

＊1　いた
＊2　〜そうです
＊3　〜は
＊4　餅でもつこうかな
＊5　〜と
＊6　持ってきた
＊7　〜けれど
＊8　〜を
＊9　いつまでも

てこんじゃった[*10]げな。

猿どんな、待ちきらんで[*11]、一人でぽったん、ぽったん、餅ばついてしもて、裏ん柿の木へ登って、

「うまか、うまか」

ちいうて、食べよらしたげな。

ようやく杵ば持って帰った蟹どんな、裏ん柿の木ば登って餅を食べよる猿どんに、

「猿どん、猿どん、いっちょでよかけん、餅ばくれんかね」

ち言わしたばってん、猿どんな、

「いやぁばん[*12]」

ちいうて、赤ちょこべぇ[*13]ちさしたげな。

蟹どんな、また、

「そんなら半分でよかけん、くれんかね」

＊10　来なかった
＊11　待てなくて
＊12　いやだ
＊13　あっかんべぇー

ち言わしたばってん、猿どんな、また、

「いやぁばん」

ちいうて、赤ちょこべえちさしたげな。

蟹どんな、また、

「そんならほんの少しでよかけん、くれんかね」

ち言わしたばってん、猿どんな、また、

「いやぁばん」

ちいうて、赤ちょこべえちさしたげな。

そいけんで、こんだ[14]蟹どんの[15]、猿どんに、

「おい[16]があんたにようかこつば[17]教《おそ》わったん[18]。餅ば袋に入れて、柿の木の枝にひっかけていさぶる[19]と、おもしろかばん[20]」

ち、言わしたげな。猿どんな、ほんなこつかち[21]思て、蟹どんのいったように、餅ば袋に入れて枝にひっかけ、ゆさゆさち、いさぶらした

＊14　今度は
＊15　〜が
＊16　わたし
＊17　良いことを
＊18　教えてあげる
＊19　振り回す
＊20　〜だよ
＊21　本当かな

げな。

そしたら、袋ん中の餅のぼてぼてと、落ちてしもうたげな。

蟹どんな、よろこうで、[22]落ちてきた餅ば穴ん中にいっちれてしまわした[23]げな。

猿どんな、腹けえて、[24]木から飛び降りて蟹どんの穴の上から、

「餅ばもどさんか[25]」

ち、太か声で何べんでんおらばす[26]ばってん、蟹どんな知らんふり。

猿どんな、はがゆうしてたまらんな、蟹どんのおる穴ん中に、くそばかけたげな。

そしたら蟹どんも腹けえて、穴ん中から、はさみで猿どんの尻ば、ぎゅーちはさんだげな。

そいけん、[27]猿の尻はいまでも赤かとばい。

はい、おしまい。

＊22　喜んで
＊23　早く入れた
＊24　怒って
＊25　返せ
＊26　叫ぶ
＊27　だから

【解説】

この民話の源流は「猿蟹合戦」にあり、それは食べ物を巡る残酷《ざんこく》な戦いです。

猿どんと蟹どんは筑後川下流に伝わる民話で、多くの人々に語り継がれ変化してきた末に、今日の民話として至っています。

なので、まずは猿蟹合戦を紐解くことが、この民話を理解するうえで必要となります。

猿蟹合戦に登場する猿と蟹は、ある種の象徴的な存在です。

猿軍は山の民であり、おにぎりや柿などを奪うことにたけていて、力持ちでわがままだと語られています。合戦の1回目では勝利するものの、2回目では敗北する存在です。

蟹軍は海の民であり、野菜や果実などを育てるのが得意で努力家として語られています。1回目では負けてしまいますが、2回目は仲間の力を借りて勝利します。

猿蟹合戦の民話できわめて特徴的な部分は、蟹の仲間の存在です。

蟹の仲間は、ハチ、クリ、ウス、地方によっては馬糞《ばふん》などです。もともとこれらはすべて山の民であり、本来は猿の仲間であるはずなのですが、いざ戦いになると蟹の味方となり、山と海の連合軍で山の大将である猿を討ち取るのです。

山の民の裏切りが猿の横暴《おうぼう》によるものか、それとも別の理由によるものかは解釈が様々ですが、いずれにしても人間味のある民話として有名です。


さて、この話を踏まえて「猿どんと蟹どん」を読み取っていくと、こちらの民話に登場するのは猿と蟹だけであり、彼らが1対1で餅の奪い合いを繰り広げています。

まず、この餅という存在が、筑後川下流の特徴的なものです。

下流は海が近いため米の栽培には適さず、代わりに餅米を育て始めたという背景があるのですが、餅は当時の人々にとって貴重なものでした。

この民話が生まれた時代、大切な餅を猿が1人でつき、1人で食べることは、とうてい許されることではなかったのです。

蟹は知恵を出して餅を拾い、猿は力で餅を奪い返そうとして痛い目に合います。一見するとコミカルな民話ですが、ここで語られているのは、壮絶《そうぜつ》な食べ物の奪い合いであり、一族にずっと残るほどの傷を負う話です。

普通に話すには重たく殺伐《さつばつ》としているような物語でも、軽妙《けいみょう》にしてしまうのが民話の魅力であり、面白さにつながっています。

田螺《たにし》 たにし長者《ちょうじゃ》

むかし、山里《やまざと》の神社に、ばあさんが毎日お参りば[*1]しよらした。[*2]
「神様、最後のおたのみでございます。どうか、人間の子どもでなくてもいいので、子どもをさずけてくだはれ。[*3] お願いします」
ち、[*4] 手をポン、ポンと叩いて、目を開けると、たにしが一つ、コロリところげ落ちたげな。[*5]
ばあさんな、[*6]

＊1　〜を
＊2　していた
＊3　ください
＊4　〜と
＊5　〜そうです
＊6　〜は

「たにしの息子ばさずかったぞ。神様ありがとうございます」

ちいうて、飛んで家に帰らした。

ばあさんな、じいさんに、

「ほうら、たにしの息子ばさずかったばい。はよう見て[*7]みらんの。

かわいかろう[*8]」

すると、たにしはばあさんの着物のふつくら[*9]から抜けだし、じいさんの手の中に飛んできたげな。

じいさんな、たまげていると、たにしがちょこんとおじぎばしたげな。

じいさんな笑いながら
「ええ子じゃ、ええ子じゃ」

それからは、じいさんとばあさんな、たにしば自分の子どもとして大切に育てらした。

たにし息子は、山里のみんなから好かれ、毎日楽しく暮らしておった。

＊7　はやく
＊8　〜だろう
＊9　着物の一部

ある日のこと、村の長老《ちょうろう》がたにし息子に会いにきたげな。

「これ、たにし息子や。この村に山から水が少ししか流れてこんごつなった。*10 村んもんが心配して、村長さんのところに集まって考えてるばってん、*11 これはちゅう*12 答えが出らん。そこでじゃ、お前ば呼びにきたのじゃ」

それば聞いたばあさんな、たにし息子ば、長老の肩に乗せると、

「お前のように頭の良かもんなおらん。はよう行って助けてこんの」

ち、いわした。

村長の家につくと、村の男衆《おとこしゅう》が集まって、たにし息子ば待っとった。

村長が話し始めた。

「よう来てくれた。実は上流《じょうりゅう》の川の水がとつぜん少ししか流れてこんごつなっての。新しか*13 水源《すいげん》ば見つけんと田植《たう》えもできん。田植えができんと米もとれん。米がとれんと、この村のもんなみんな死ぬこと

＊10　こなくなった
＊11　〜けれど
＊12　これはという
＊13　新しい

になるけん、どげんかして[*14]新しか水源ば見つけにゃならん。どうか見つけに行ってくれまいか。見つけたなら、二人の娘《むすめ》のうち、どちらかばお前の嫁にやる」

たにし息子は、

「すぐに見つかるかわからんばってん、山に入り、水のあるところば見つけてきますけん、じいさんとばあさんに心配しないようにいうてくれんの」

そいば[*15]、あとで聞いたじいさんとばあさんな口ぐちに、

「なんちの[*16]、息子ば一人で行かせたの」

「なんち[*17]、むちゃなこつば[*18]村長さんは頼《たの》ましたじゃろうか」

「息子が死んでしもうたら、おれたちゃあ、どげんすればよかじゃろうか」

ち、いいながら涙したげな。

＊14　どうにかして
＊15　それを
＊16　なんだって
＊17　なんと
＊18　ことを

じいさんとばあさんな、氏神様《うじがみさま》にお参りばして無事《ぶじ》に帰ってくる日を祈ったげな。

しかし待っても待っても帰ってこんじゃった。

一年も経つと、村のもんな期待していた気持ちも薄《うす》れて、誰もたにし息子の話ばしなくなったげな。

村長さんな、月ば眺《なが》めながら、

「あれから一年になるが、もう田植えもできんじゃろう。それにしても、たにし息子はどうしているのじゃろうか」

悲しくなっていると、月の光に照らされ、何か動いてこちらにくるのが見えたげな。

よく見るとそれは、たくさんのたにしじゃった。

たくさんの仲間《なかま》とともに、たにし息子が帰ってきたげな。

たにし息子はたくましくなっとった。

「ただいま、もどりました。新しか水源ば見つけましたけん、安心してくださ い」

村長は喜んで、

「約束どおり、二人の娘のどちらかばお前の嫁《よめ》にしよう」

ちいうて、娘のところに行かしたげな。

村長がどちらかが嫁に行くように話ばさすと、*19 姉《あね》は、

「いやばい。なんであげな*20たにしの嫁にならなんとの*21」

ちいうて断《ことわ》ったげな。

妹《いもうと》は、

「父さんが約束したなら、守らにゃならん。私でん*22よかなら嫁に行く」

ち、いわしたげな。

たにし息子は、その娘と一緒に、おじいさんとおばあさんが待っとる家に帰らした。

＊19　～すると
＊20　あんな
＊21　ならなきゃいけないの
＊22　でも

おじいさんが出てきて、

「立派《りっぱ》な仕事ばしてきて、うれしかばい。心配したばってん、ケガもなかでよかった」

ちいうて、うれし涙ば流した。

ばあさんな、

「嫁さんば、つれてくるちゃ、こりゃめでたか。めでたかばい」

ちいうて、喜んだ。

今度は、たにし息子が、

「じいさん、ばあさん、臼《うす》と杵《きね》ば出してくれんの」

ちいうけん、じいさんがいわれたとおり臼と杵ば出すと、たにし息子が、

「臼の中におればﾞ入れて、杵でおもいきりつぶしてくれ」

ち、いうた。

じいさんな、

「お前ば殺すようなこつはできん」

ちいうたら、たにし息子は、

「早う、つぶさんの」

ち何度もいうもんで、じいさんな、しかたなく杵を振《ふ》り上げ、

「よいしょ」

ち、声を出して振り下ろした。

すると、びしゃっち音がして、臼の中から白いけむりがあがり、何も見えなくなったげな。

けむりが消えると、そこには立派な若者が立っていたげな。

ばあさんが聞いた。

「あんたは、だれの」

若者は、

「私はあなたたちの息子のたにしです。神様が人間にしてくれました」

息子は嫁と力を合わせ、立派な村にしていったげな。

この村のこつば、たにし長者の村ち呼んで、この村はいつまでも栄《さか》えたげな。

はい、おしまい。

【解説】

この物語に登場するたにし息子は、貧乏な夫婦の子どもとして育てられたにも関わらず、人間以上に知恵があり神様のような扱いを受けています。

その一方で、水不足という深刻《しんこく》な問題に対しても、たにし息子のところへ相談が持ち込まれるのは、村の衆《しゅう》が解決できなくなってから、それも長老によって持ち込まれています。

村長が娘を嫁に出すと約束したときには、「自分には一生嫁などきてはくれない」と思い込んでいたたにし息子は大いに喜び、水源を探しに旅立ちます。

たにし息子の反応や背景を考えたときに見えてくるのは、たにし息子という言葉がある種の比喩《ひゆ》―村人達とは出自《しゅつじ》が異なり、村人達より知恵を持ち、村人が結婚したがらない存在―であることがわかります。

また、数ある「たにし息子」の民話の中には、彼がどれだけ苦労して水源を見つけたかが次のように語られています。

たにし息子は自分に協力してくれるたにしを集めて水を探し求めたが、下流に流すほどの水はなかった。つらい日々が何日も続き、たにし息子も諦めそうになるが、ここでやめて帰ると、じいさんやばあさんが悲しむのではないか——などと思い、大きな岩の下で休んでいると、岩の側から水の音が聞こえてくる。その大きな岩をどかしてみると、それは探し求めていた水であった。たにし息子は嬉しさのあまり泣いてしまった。

という内容です。

問題を解決したたにし息子は村長の娘を嫁に貰えることになりますが、そこでもう一つ問題が起きます。

長女が、「たにし息子の嫁になんかならない」というのです。

このことからは、村の救世主となったたにし息子という異邦《いほう》の民を、すべての村人が受け入れたわけではないということが読み取れるのではないでしょうか。

結局、「父の約束であるから」と末娘がたにし息子の嫁になります。そして物語の最後はたにし息子が立派な若者になったという描写で締めくくられています。

自分達とは異なる存在を受け入れる村人達に視点を置いてみるのも、この民話の面白い読み方かもしれません。

物語の主役であるたにしですが、たにしを水神様として崇《あが》めている地域があり、その地域では家の災難《さいなん》を逃してくれる役割を持った存在だとされています。

胡瓜《きゅうり》

海《うみ》の河童《かっぱ》と川《かわ》の河童の戦《たたか》い

むかし、むかし、ちっご川[*1]に河童《かっぱ》が住んでおった。

ある日のことじゃ。

「ちっご川の河童たちを皆殺《みなごろ》しにして川に住んでやる」

ち[*2]、海の赤河童《あかかっぱ》がいうてきたげな[*3]。

「こりゃ、てぇへんだ、てぇへんだ。海の赤河童が川まで乗り込んでくる。どげんしてでん[*4]勝たにゃならん」

＊1　筑後川
＊2　～と
＊3　～そうです
＊4　どうにかしてでも

川の河童たちは考えたが、よか知恵《ちえ》が浮かばん。

そん時、若大将《わかだいしょう》河童がいうた。

「俺たち川の河童は水の神様に仕《つか》えてきたぞ。神様が天から分けてくださる水が、このちっごの川じゃ。人間たちは、この大事な水で神様に差し上げる霊食《れいしょく》のキュウリば[*5]作っとる。このキュウリを俺たちも食えば、ぜったい勝てる」

「キュ、キュ、キュ、キュ、キュー」

ちいうて、河童たちは口々に声を上げたげなばい[*6]。

そん夜《よる》、若大将河童は陸にあがり、庄屋《しょうや》さんの所にいって頼んだげな。

「庄屋様、どうか私ども川の河童を助けてくださぃ。海の赤河童が、このちっご川に攻めてきます。そしたら、この川が汚されて私たちは住めなくなります。勝つためには神様と同じ霊食のキュウリば食べなくてはなりません。どうか、朝までにキュウリば集めて、かごに入れ

＊5　〜を
＊6　〜らしい

てちっご川の底に沈めてください」

ちいうて、なんども、なんどもおじぎばして頼んだげな。

次の日の朝、海の赤河童たちが満《み》ち潮《しお》に乗って、ちっご川に押《お》し寄《よ》せてきたげな。

ちっご川の水の色が、たちまち血で染《そ》めたごて*7赤色に変わっていった。

川の河童はこれを見て、

「おそろしか、おそろしか」

ち大声で叫んだげな。

そん時、それをかき消す大きな声が響《ひび》いたげな。

「みんな集まれい。川の底に神様の食べ物であるキュウリが隠してある。これば食べると神様んごつ*8力が湧《わ》いてくるばい。これさえあれば、海の赤河童なんて恐《おそ》れんでよか」

＊7　ような
＊8　～のような

若大将河童の号令《ごうれい》が川いっぱいに響《ひび》き渡ると、川の河童たちは次々にキュウリを食いだしたげな。

日が沈《しず》んで、日が昇《のぼ》って、また沈んで、また昇って、長い長い戦いが続いたげな。

海の赤河童は川の河童よりもずっと大きくて、ずっと乱暴《らんぼう》やったげな。

それでも川の河童はへこたれんじゃったげなばい。

やがて海の赤河童は頭の皿に海ん水がなくなって、とうとう逃げていったげな。

逃げ遅れた海の赤河童は浜に打ち上げられて、なんと赤ヒトデになっとった。

海の赤河童を追い返した川の河童たちは、みんなで庄屋さんの家にいって、鐘《かね》と太鼓《たいこ》にあわせてお祝いの踊《おど》りば踊ったげな。

その後、庄屋さんは川の河童がちっご川を守ってくれたことに感謝《かんしゃ》ばして、キュウリの初成《はつな》りは必ずちっご川に流すことにしたげなばい。

はい、おしまい。

【解説】

海の赤河童が筑後川を縄張《なわば》りとするために攻め込んでくるが、もともと筑後川にいた川の河童たちがキュウリを食べてそれを追い返す――というのがこの民話のあらすじです。

海の河童は赤い色をしていると表現されていますが、これは外国人のことを指しています。海の外からやってくる巨大で乱暴な人間のことを、昔の人は赤河童と表したのです。

川の河童が霊食として大事にしているキュウリは、中国西域の「胡《こ》」から伝わった瓜《うり》ということから漢字では胡瓜《きゅうり》と書きます。

原産地は東インドやヒマラヤ地方であり、インドでは三千年前から栽培《さいばい》されていたそうです。日本に伝わった年代は明らかではありませんが、平安中期の931年頃に編纂《へんさん》された辞書『倭名類聚抄《わみょうるいじゅしょう》』に胡瓜が記されています。

この民話からは、当時の人々が筑後川の水を利用して胡瓜を栽培していたことが読み取れます。そして初成の胡瓜を水の神様に捧げる風習から、人々にとって胡瓜がただの作物ではなく、神の加護を与えられた作物であると認識していることもわかります。

この風習が転じて、胡瓜のことを「河童」と呼ぶ地域もあります。

また、河童たちそのものも、水の神様に仕える存在として信仰の対象とされました。

胡瓜を海苔《のり》で巻いたお寿司が「かっぱ巻き」と呼ばれるのはここに由来するそうです。

筑後川の恵みで暮らしていた人々にとって、海の河童の侵略《しんりゃく》によって水源を取られることは死につながります。

土地を守るために、神様と同じものを食し、強い絆を作る。その絆こそが、粘り強く戦い、やがて勝利へと繋がります。

なにごとにも粘り強く、あきらめないで——と、あなたに伝えている民話です。

鮗《このしろ》

子《こ》の代《しろ》

むかし、三池長者《みいけちょうじゃ》と呼ばれる藤吉種継《ふじよしたねつぐ》ちいう人がおらした[*1]げな[*2]。

長者には一人娘《ひとりむすめ》がおっての、それはそれは、美しかったげな。

その美しさは宮中《きゅうちゅう》にまで聞こえとったげなばい[*3]。

そうしたところ、

「娘ば[*4]宮中に出すように。すぐに迎《むか》えをやるので、支度《したく》ばしておくように」

＊1　いた
＊2　～そうです
＊3　～らしい
＊4　～を

ち、[5]言うてきたげな。

長者は「はい」としかいえん自分に、日夜《にちや》嘆《なげ》き悲《かな》しんだげなばい。

そいで家のもんに、

「どげんしたら、[6]よかじゃろうか」

ち聞いたところ、おおばばさんが、

「死んだこつ[7]にしとかんの[8]」

ち、いわしたげな。

長者が、

「おおばばよ、どうやって死んだこつにするか教えてくだされ」

ち聞くと、

「かんたんなこつよ。有明海《ありあけかい》におるつなしば使うのが一番。あの魚ば集めて焼くと死臭《ししゅう》が出るけんの。娘が死んだこつにすればよかと」

おおばばの話ば聞いた長者は、手をたたいて喜んだげな。

＊5　〜と
＊6　どうしたら
＊7　〜こと
＊8　しときなさい

いよいよ宮中から牛車でのお迎えがきたげな。

長者は使者《ししゃ》に、

「遠いところをお越しいただきましたが、娘は流行《はや》り病《やまい》にかかり死んでしまいました。いま、娘の亡骸《なきがら》を火葬《かそう》しているところでございます」

ちいうと、使者は鼻をぴくぴくとさせながら、

「亡くなったのであれば仕方がない」

ちいうて、宮中にさっさと帰っていかしたげな。

それから、つなしのことば子どもの代わりという意味から、「子の代」ち書き「このしろ」ち呼ぶようになったげな。

はい、おしまい。

【解説】

この民話に登場するコノシロは、関東ではコハダと呼ばれ、関西ではツナシと呼ばれています。

この民話では子の代わりと書いて「子の代」と呼ばれていますが、焼くと死臭に似た悪臭を生じるというコノシロの性質を物語に落とし込んでいるという点が非常に興味深い特徴です。

ここから、当時の人々にとってコノシロは馴染《なじ》み深い食材であり、焼くと悪臭はするけれども、決して悪いものではないとして扱われていたことが読み取れます。

古くは大友家持《おおとものやかもち》の古歌に「都奈之（ツナシ）」としても登場するこのコノシロに関する民話は、日本の各地に残されています。

それではなぜこの魚がこれほど愛されたのかというと、コノシロは出世魚《しゅっせうお》という成長するにつれ呼び名が変わる魚だからです。

小さいときは「シンコ」と呼ばれ、少し大きくなると「コハダ」、「ナカズミ」、そしてやがて「コノシロ」と呼ばれるようになり、大きく成長するにつれて呼び名が変わり出世する様が、大変に縁起の良いものとして、昔の人々に重宝《ちょうほう》されていました。

その一方、江戸時代には「コノシロの昆布巻《こぶま》き」などという言葉も使われていました。これは「見かけだけは良い、めでたい」という皮肉交じりの意味合いです。

また、初午《はつうま》（二月の最初の午の日）に行われる稲荷祭《いなりまつり》にこの魚が供《そな》えられていたことから、魚偏《うおへん》に祭り――すなわち「鰶」という漢字でコノシロと読まれることもあります。


さて、この民話に登場する三池長者は大変なお金持ちなのですが、そんなお金持ちであっても権力には逆らえず、大切な娘のために悩み、そして年長者のおおばば様の知恵によって娘を守ることに成功します。

年長者の知恵と自然の恵みで、武力やお金に頼らず権力を撃退《げきたい》する――この民話のこうした構図が、人々に愛され、いままで語り残されてきた理由なのでしょう。

また三池長者は、筑後国三潴荘《みづまのしょう》にいた藤吉種継《ふじよしたねつぐ》がモデルとされています。

彼の娘は天女《てんにょ》のように美しく、裸足で千日詣《せんにちまいり》をするほどの仏法信者だったといわれていますが、彼女に関してもひとつの物語が伝わっています。

平安時代、平康頼《たいらのやすより》という武士がいました。

彼は平家打倒の密議《みつぎ》に参加したことで薩摩《さつま》国鬼界ケ島《きかいがしま》に流された罪人でしたが、その罪を許されて都への帰りに立ち寄ったのが、三池長者の館でした。

平康頼は美しい娘に強い衝撃を受け、娘もまた優雅《ゆうが》な都人に魅せられてしまったそうです。

後に月満ちて娘は玉のような男児を儲《もう》けましたが、不思議なことに、この男の子は口から怪《あや》しげな光を発したそうです。

藤吉種継は娘の子供が罪人の子供であるといわれるのを恐れ、子どもを近所の野原に捨てました。

そのころ、三井郡柳坂にある永勝《えいしょうじ》寺の和尚が、草むらの中で光を放って妙音を発し、法華経を読む赤ん坊を夢に見ました。翌朝、三潴に行ってみると、夢に見た通りの口から光を発する捨て子を見つけ、自身の子として育てたそうです。

男の子は利発《りはつ》で、7歳で法華経《ほっけきょう》を暗記《あんき》し、13歳で剃髪《ていはつ》し、諸宗法を研究し、一代の高僧となりました。

神子栄尊《じんしえいそん》大和尚と尊ばれるようになり、やがて渡宋して江南諸刹《こうなんしょせつ》を巡り学んで帰国すると、故郷に筑後朝日寺《あさひでら》を建立《こんりゅう》しました。

朝日寺とは、母が懐妊《かいにん》した時に朝日を飲んだ霊夢《れいむ》を見たことに由来するそうです。

また、福岡県久留米市の大善寺小学校内には「不毛霊跡」と刻まれた石碑が建っています。ここは栄尊禅師が生後すぐに捨てられたところとされ、それ以来ここは草木が生えない不毛の地になったのだと伝えられています。

箸休め「地獄の箸」

「地獄に落ちた人は、ご飯を食べるとき、どんな箸《はし》を使うの?」

娘が子供のころ、こんな質問をしてきた。

答えは難しい。地獄にご飯が出るかどうかもわからない。

なんでそんなことを聞くのかとたずねてみると、『地獄のそうべい』という本を読んで思ったそうだ。

その時私は、箸のことにはまったくふれず、「地獄に落ちないように良い子でいなさい」といってごまかしたことをいまでも覚えている。

しかし、娘の「地獄ではどんな箸を使うの?」という言葉が、頭の隅に消えずに残っていた。

その後、海外旅行や研修に出かけると、必ずといっていいほど箸を探した。

娘へのお土産も箸だ。娘はしぶしぶ受け取りながらも「また箸ね」と不満を漏《も》らした。

私は心の中で「地獄で使う箸などあるはずがない」とつぶやいた。

しかし、地獄にも箸はあったのだ。

台湾の大学生を我が家に招いたときのことだ。

昼食を一緒に食べていると、大学生の箸の扱い方がとても上手なことに気が付いた。日本語も達者《たっしゃ》で日本の歴史や文化にも精通《せいつう》していたのだが、立ち居振る舞いまで見事なことに驚かされる。

聞いてみると、大学で日本のことを学ぶ傍ら、ネットを見ながら礼儀やマナーも勉強しているというので頭が下がる思いだった。

「台湾にも『地獄極楽』の話はあるの？」

私はなんとなくたずねた。

「あります」

大学生はうなずいた。

私はおそるおそる「地獄では箸を使ってものを食べたりするの？」と聞いてみた。

すると大学生は答えた。

「地獄でも極楽でも同じ箸を使うと聞いたことがあります。とてもとても長い箸でご飯を食べるのだそうです」

私の心は高鳴った。地獄にも箸はあったのだ。

「その箸は昔から伝えられている話の中に出てきます」

そういって大学生は話を聞かせてくれた。


地獄に落ちた人にも食事は与えられる。

しかし、地獄の人々はそれをなかなか食べることができない。

それは、箸の長さが人の背丈ほどもあるせいだという。大釜の底にある食べ物を長い箸で掴《つか》んでも、箸が長すぎるせいで自分の口に運べないのだそうだ。

そのため地獄では食べ物があるのに食べられず、みんないら立っていて、ケンカや騒動が絶えないのだという。

だから地獄の人々の顔は赤く腫れあがり、目玉は飛び出し、よだれを垂れ流す恐ろしい形相《ぎょうそう》となるそうだ。それは閻魔大王《えんまだいおう》さえも顔をそむけるほど不気味《ぶきみ》な姿であるという。

しかし、極楽では同じ箸を使っているのにみんな楽しそうに笑っているのだ。

極楽では自分の掴んだ食べ物を自分では食べない。他人に食べさせるのである。相手が卵を食べたいというのなら、長い長い箸で卵を挟《はさ》み、相手の口元まで持っていく。相手は喜び、何が食べたいのかと聞いてくる。そして頼んだものを食べさせてくれる。だから同じ箸を使っているのに、地獄はケンカが絶えず、極楽は笑顔が絶えないのだという。


この話に私は感心した。

いささか宗教的な色合いもあるが、私たちが生きていく上でとても大切なことを伝えている。

地獄の住人は自分のことだけを考え、極楽の住人は他人を思いやることができる。

同じ箸でも、考え方の違いで結果がこうも違ってくるのだ。

人間が生きている限り、この話は生き続ける話だろう。

あなたが使う箸は極楽の箸だろうか。

それとも、地獄の箸だろうか。

泥鰌《どじょう》

貧乏人《びんぼうにん》の知恵《ちえ》

むかし貧乏百姓《びんぼうひゃくしょう》の家に、親想いの息子がおったげな。[*1]

父ちゃんが亡くなり、代わりに働きに出らした母ちゃんも病気《びょうき》がちになって、村の医者がやってきていうたげな。

「もう働くことはできんじゃろう」

息子は悲しくなって、

「母ちゃん、何か食べたかもんな、[*2] なかか」[*3]

＊1　～そうです
＊2　何か食べたいものは
＊3　ないの?

すると母ちゃんが、

「死ぬ前にもういっぺんだけ、泥鰌《どじょう》[*4]ば食いたかのう」

「母ちゃんの好きなもんばぜったい食わせてやるけん、待っとかんの[*5]」

ち[*6]、息子が答えたげな。

そげん[*7]いうたもんの[*8]、息子は心配になってきた。

「村長は権力ば持っといて、泥鰌が捕《と》れても一匹でん分けてやらん。[*9]どげんしたら[*10]、母ちゃんに食わせられるじゃろうか」

ち、考えたげな。

ある日のこと、村長さんの前ば通ったらなにやら騒《さわ》がしかけん、そおっと覗《のぞ》いてみると、泥鰌がいっぺ[*11]捕れとったばい。

息子はいてもたってもおられんごつ[*12]なって、村長さんに頼んだげな。

「母ちゃんが死ぬ前にどうしても、泥鰌の煮汁《にじる》で炊《た》いた豆腐《とうふ》ば食べ

＊4　〜を
＊5　待っていてね
＊6　〜と
＊7　そのように
＊8　言ったものの
＊9　一匹も分けてくれない
＊10　どうしたら
＊11　たくさん
＊12　〜のように

たか、ちいいますけん、どうか泥鰌といっしょに煮てください。お願いします」

するとと村長さんな、

「村の川でとれた泥鰌はぜんぶ俺んもんばい。泥鰌は一匹たりともやらんぞ。豆腐ばいっしょに煮てやるけん、早よう豆腐ばもってこんか」

ち、いわした[*13]げな。

息子は喜んで家に帰り、

「母ちゃん、今日は泥鰌ば食わせてやるばい」

ちいうて、夕飯《ゆうめし》にほんなこつ[*14]泥鰌のにおいのする豆腐ば持ってきたげな。

息子が、

「早う食べんの」

＊13　言った
＊14　本当に

ちいうけん、食べよっと、[15]

「豆腐から泥鰌が出てきたばい」

母ちゃんな、

「うまか、うまか」

ちいうて、喜んで食べらした[16]げな。

食べ終わってから、息子に、

「こげん[17]うまかもんば食うたけん、もう少し生きらんと罰が当たる」

ち、いわした。

息子は母ちゃんが「うまか、うまか」ち食べる姿を見てるだけでん[18]幸せじゃったげな。

村長さんの家では泥鰌が二匹たらんちいうて、大騒動《おおそうどう》じゃったげな。

はい、おしまい。

＊15　食べていると
＊16　食べた
＊17　こんなに
＊18　～でも

【解説】

母の願いを叶えてあげたくともお金がない。だから息子は知恵を絞《しぼ》ります。息子は豆腐と泥鰌《どじょう》を一緒に煮たら、冷たい場所を求めた泥鰌が豆腐に潜りこんでいくことを知っていました。本当ならば息子は村長にお願いをして泥鰌を恵んでもらうべきでしたが、それが叶わない。それでも母に泥鰌を食べさせるためにはどうすればいいのか、必死に考えたのでしょう。

息子の行為は現代では褒められたものではないかもしれませんが、人はどうしても叶えたいものがあるならば、知恵を絞らなければなりません。

社会的に弱い立場にいる人間が、知恵の力で強い立場の人間に一泡《ひとあわ》吹かせる爽快感《そうかいかん》が、この民話を面白いものへと変えています。

強者への不満を民話の中にひっそりと隠して語り継いでいる人間味あふれる民話です。

鯉

鯉女房《こいにょうぼう》

むかしのこったい。[*1]
貧乏な若者の家に、見たこともない美しか女の人が、とつぜん訪《たず》ねてきたげな。[*2]
若者はびっくりして、
「な、なんの……」[*3]
ちいうて、[*4]それから先は言葉がでらんじゃったげなばい。[*5]

＊1　ことです
＊2　〜そうです
＊3　どうしたの
＊4　〜と
＊5　でなかった

すると美しか女は、

「おどろかないでください。私はあなたが助けてくれた鯉《こい》なのです。お礼がしたくて、神様にお願いをして人の姿になってやってきました」

若者は思い出したげな。

「そうじゃった。大雨の日に川岸《かわぎし》に打ち上げられ、口をぱくぱくさせ死にそうになっていた鯉がおった」

若者は、

「あの時、川に戻してやった鯉か。助かって良かったの。お礼はいらんが、俺の願いば聞いてくれんかの」

ち、いわした[*6]げな。

女は、

「どんな願いでも、聞きますけん」

ち、答えたげな。

*6　言った

「貧乏な俺には嫁《よめ》さんのきてもなか。[7] どうか嫁さんになってくれんかいの」

女はしばらく考えて、

「約束を守ってもらわなくてはなりません。それがあなたにできますか」

若者がこっくりとうなずくと、女はいうた。

「私が鯉であることをだれにも言ってはなりません。あなたが正体《しょうたい》を見てもいけません。もしも約束を破《やぶ》ったなら、私はもういません」

若者は口ば[8]とんがらせて、

「ぜったい言わん。ぜったい見らんばい」

ち、いうたげな。

女は嫁さんになって、幸せに暮らし始めたげな。

村では、

＊7　来てくれない

＊8　〜を

「なんであげな[*9]醜男《ぶおとこ》に、あげな美しか嫁さんが来るのじゃろうか」

「金も持たん男に、嫁さんがいつまでもおるはずがなかろうが」

「あの嫁はおかしかばい」

そげな[*10]噂《うわさ》が広まったげな。

でも、そげな噂はなんのその、二人は畑に行くのも一緒。食事ばするときでん[*11]、一緒。いつも笑顔で、かたときでん二人は離れんじゃったげなばい。

五年も経《た》つと若者は村で三番目の金持ちになっとったげな。

そいば[*12]、ずうっと見よった村の嫁さんたちゃ、

「うちたちも、あん人たちんごつ[*13]、なりたか」

ちいうて、村の婿《むこ》さんたちば困らせたげなばい。

そげな[*14]ある日のことじゃったげな。

畑仕事ばしよらすと[*15]、毒蛇《どくへび》が嫁さんの足に噛《か》みついたげな。

---

*9 あのような
*10 そのような
*11 ～でも
*12 それを
*13 ～のように
*14 そんな
*15 していると

婿さんな、驚《おどろ》いて家に連《つ》れて帰らしたげな。

「このふすまを開《あ》けてはなりません」

ちいうて、嫁さんな、よろよろしながら中に入っていかしたげなばい。

部屋の中からは「うーん、うーん」ち、苦しか声がしてきたげな。

婿さんな、考えらしたって、*16
「医者ば呼んでくるにしても、部屋には入れないし、村人に話せば嫁さんが鯉じゃったことがばれるし、どげんしたらよかろうか」

夜になると婿さんな、嫁さんが死んでしまうのではないかち、心配になってきたけん、

「開けてはならぬ」ち約束したふすまば、そっと開けてしもうたげな。

するとぞっとする声で、

「よくもこんな醜《みにく》い姿ば見たなぁ」

そして嫁さんの姿は、消えてしもうたげな。

---

*16 考えていると

部屋には魚の鱗《うろこ》が五枚と水滴《すいてき》が残っとったげな。

はい、おしまい。


【解説】

人のいい男に助けられた鯉が、女になって嫁に来る――というところから物語は始まります。

この物語は男の物語として語られているにも関わらず、あくまでも主役は鯉である女房です。

夫婦は力を合わせて金持ちになっていきますが、お金を稼いでいるのは主に夫の方です。にもかかわらず、村の男衆は嫉妬《しっと》して「あの男の力ではなく、すべて美人の女房のおかげで大金持ちになったのだ」と語ります。

もちろん、男たちだって夫の努力があったことは理解しているはずですが、「すべて女房のおかげ」と思い込もうとしているのです。

そのくらい、美しくて優しい女房がいることが許せないのです。

また、女衆はあの夫婦のように「幸せになりたい」と憧《あこが》れています。その幸せというのは、恋愛や結婚、人間関係がうまくいき、健康に暮らせ、仕事があってお金が稼げること――まさに今も昔も変わらないものです。

しかし、こうした幸福が一生続く人はあまりに少なく、だからこそ人は悩むのです。

毎日の幸せは、女房が蛇《へび》に噛《か》まれたことで崩《くず》れます。

女房の危機《きき》に夫は悩み、かといって誰かに相談するわけにもいかず、とうとう「開けてはならぬ」と約束した戸を開いてしまいます。

部屋の中には苦しんでいる醜《みにく》い鯉の女房がいましたが、約束を守ってもらえなかったことに傷ついて「見たな！」と恨《うら》みを残して消えてしまいます。

こうした展開は「どれだけ仲睦《なかむつ》まじく円満な夫婦であっても、お互いに隠し事や秘密があり、それにむやみに触れてはならない」ということを示唆《しさ》しています。

妻のことを思い、心配した結果、約束を破り女房の秘密を知ってしまう夫。

自分の秘密は決して人に知られてはならない、と隠し通そうとした女房。

お互いの秘密をすべて知ることが幸せとは限らないと、現代にも通じる教訓《きょうくん》です。

部屋には魚の鱗《うろこ》が五枚と水滴が残っているだけだった、という言葉に秘められた寂《さび》しさが、幸せな結婚生活とは何かを考えさせる民話となっています。

いばり蛸《だこ》

蛸《たこ》

むかしのこったい。[*1] 有明海《ありあけかい》に蛸《たこ》がいっぺ[*2]おったげな。[*3]
ずっと寒い日の続いとったが、その日は久しぶりに春の日のごて、[*4]
ぽかぽか天気になったげな。
蛸たちが喜んで泳《およ》いでいると、いばり蛸がやってきていうたげな。[*5]
「おりゃあ、蛸の中でいっちゃん[*6]頭の良かけん、今から陸《おか》に上がって、
人間が作った石垣《いしがき》に手と足ばうっぴろげて[*7]昼寝《ひるね》ば[*8]してくる」

＊1　ことです
＊2　たくさん
＊3　〜そうです
＊4　〜のように
＊5　言った
＊6　一番
＊7　大きく広げて
＊8　〜を

蛸たちはたまげて、

「そりゃあ、あぶなか。やめとかんの[9]」

「猫がうろついとるけん、殺されるばい」

ち[10]、心配していうたげな。

いばり蛸は腹かいて[11]いうたげな。

「おい[12]ば、誰ち思っととかい。猫に食べられるごつ[13]頭は悪《わる》なかばい」

蛸の仲間をにらめつける[14]と、石垣に上って昼寝ばしにいったげな。

そいで[15]蛸はよほど気持ちがよかったのか、いびきをかいて寝てしもうたげな。

そこに猫が近づいてきて、にったり笑うと蛸の足を一本ずつ食べ始めたげな。

蛸が目ば覚ました時にゃあ[16]、あと一本しか残っとらんじゃったげな。

「しまった、食われてしもうたか。あと一本残っとるけん、猫ば近

＊9　やめておけ
＊10　～と
＊11　怒って
＊12　私
＊13　～ように
＊14　にらみつける
＊15　それで
＊16　～には

づけて、絞《し》め殺してやるぞ」

そう考えた蛸は猫撫《ねこな》で声でいうたげな。

「猫さん、なぜ一本だけ残して食べないのですか。早く食べてください よ」

すると猫がいうたげな。

「昔、そげん[*17]いうた蛸がおって、近づいて食べようとすると、足が首に巻きついて死にそうになったけん[*18]、もう、ぜったい食わんばい」

そげんいうと猫は蛸に、

「さいにゃあら」

ち、いうてさっさと帰っていかしたばい。

はい、おしまい。

＊17　そのように
＊18　〜から

【解説】

いばり蛸の民話は笑い話として語られていますが、中身は蛸が死ぬか、猫が死ぬかという緊張感のある恐ろしい民話です。

それでもこの民話に笑いが出てくるのは何故なのでしょうか。

それはこの民話の俗性にあります。

蛸は周囲に格好をつけるためだけに危険を冒し、猫はほんの少しの食欲のために死にそうな目にあった過去を持っています。

蛸や猫の持つ小さな見栄《みえ》や過ぎた食欲に命を懸ける姿が、非常に俗っぽく、人間臭さを感じさせ、この民話の面白さや親近感につながっているのです。

大人が子ども達にこの民話を伝えてきた意図《いと》はとても明白《めいはく》です。

蛸の失敗は、自分よりも頭が良くて優れている人が世の中にはいっぱいいるのだという教訓を教えてくれます。

そして猫は過去の失敗から学ぶことの大切さを教えてくれています。危ない目に合った時にこそ学ばないといけないし、危ない目に合わないためにも学ぶ必要がある。そんな先人たちの厳しさや優しさを垣間見ることのできる民話です。

こうばし　わくど息子《むすこ》

昔、あるところに仲の良い夫婦《ふうふ》が住んでおった。
嫁さんな、[*1] 毎朝氏神様《うじがみさま》にお参りばしよらした。[*3]
「どうか、子どもば授《さず》かりますように」
と拝《おが》んだげな。[*4]
ある日のこと、いつものように手を合わせて拝んどっと、[*5] わくどが[*6]
出てきて氏神様の社《やしろ》に入っていった。

*1　〜は
*2　〜を
*3　していた
*4　〜そうです
*5　拝んでいると
*6　カエル

嫁《よめ》さんがつぶやいた。

「わくどの子どもでも、自分の子として育てますけん……」

そういうと、なぜか涙が流れてきて、自分の手にぽつん、ぽつんとこぼれ落ちたげな。

しばらくすると、嫁さんの手に落ちた涙が、水ぶくれのようにぷーっと丸く大きくふくれたげな。

嫁さんな、たまげて、おもわず丸くふくらんだところば力いっぱい叩《たた》かした[*7]げな。

すると「ぴしゃっ」と音がして、わくどの赤ちゃんが、ぴょんと飛び出てきたげなばい[*8]。

嫁さんな、氏神様にお礼をいうと、急いで家に帰らした。

そして婿さんに、

「ほうら、喜ばんの[*9]。子ば授《さず》かったばい。ああ、うれしや。神様の

＊7　叩いた
＊8　〜らしい
＊9　喜んで

おかげじゃ。ありがたい、ありがたい」

というて、家の中を飛び跳《は》ねて喜びよらした。

わくど息子は、かわいがられ育てられたげな。

大人になったわくど息子がいうた。

「父ちゃん、母ちゃんも年を取ってきたけん、*11 いまからおれは嫁さんば見だしてくる*12けん、心配せんでよかけんの。*13 お願いしたかこつ*14は

こうばしば、重箱《じゅうばこ》一杯挽《ひ》いて、風呂敷《ふろしき》に包んでおれの背中にくくりつけてくれんの」

二人は喜んでこうばしば挽いて持たせたげなばい。

「気を付けて行ってくんだぞ」

と声ばかけ、わくど息子が見えんごつ*15なるまで、手ば振ったげな。

わくど息子は、隣の村に行ったげな。

すっかり日が暮れてきたけん、庄屋《しょうや》さんのところの軒先《のきさき》ば借りて泊

＊11　〜から
＊12　見つけてくる
＊13　心配しなくていいからね
＊14　お願いしたいこと
＊15　見えなく

まろうと思い、頼みにいかした。[16]

「どうか一晩《ひとばん》、軒先に泊まらせてくれんの」

ちいうと、下女《げじょ》が出てきて、

「土間《どま》が空《あ》いとるけん、ここで寝らんの」

ちいうた。

わくど息子が喜んで家に入ると、

「その大きな包みはなんの[17]」

ち聞かしたもんで、わくど息子は風呂敷を開いてみせた。

「みんな、ようと[18]聞かんの。この重箱の中身はこうばしが入っとる。これば、だまって食うたもんな、おれの嫁さんにならなんばい[19]」

下女たちは大笑いばしながらいうた。

「そうだんじゃなか。[20]わくどのこうばしなんちゃ[21]だれが食うかい」

そこへ庄屋さんまで出てきて、

＊16　行った

＊17　なんですか

＊18　よーく

＊19　なりなさい

＊20　冗談じゃない

＊21　〜なんて

「この家でほんなこつ*22お前のこうばしば食うたもんがおったら、お前の嫁さんにやろうたい。ワハハ」

庄屋さんまで大笑いした。


朝がきて、わくど息子が大声で叫んだげな。

「誰だ！　おれのこうばしば食べたやつは！」

重箱をよく見ると、こうばしに唇《くちびる》の跡《あと》がくっきりついておったげな。

それから家のなかは騒動《そうどう》になったげな。

「うちは、食うとらんよ」

「おれも、食うとらん」

「だいが*23、わくどのこうばしば食うもんか」

口ぐちにいうもんで、わくど息子は庄屋さんに、

「だれが本当に食べたのか調べてくれんの」

＊22　本当に
＊23　だれが

と頼んだ。

庄屋さんが調べてみても、誰も食べてはおらんじゃった。

そんな時、一番遅く起きてきたのが、庄屋さんの一人娘じゃった。

「やかましか[*24]ー、なんのあったっね[*25]」

みんな「あっ」ちいうて、娘の顔を見た。

「こうばしがついとる！」

わくど息子が、

「この人が犯人ですばい」

それからわくど息子は、重箱に残っとる唇の跡に娘の唇を合わせるとぴったりと合ったげな。

犯人が娘とわかると庄屋さんはたいそう悔《くや》しがったが、約束は約束じゃけん、娘ばわくど息子の嫁にやるこつにしたげな。

わくど息子は喜んで娘を連れて家に帰ったげな。

＊24　うるさい
＊25　なにかあったの？

「父ちゃん、母ちゃん、喜ばんの。よか嫁さんばつれてきたけん」

父ちゃんと母ちゃんな、立派《りっぱ》な嫁さんば見て、泣いて喜ばした。

「あんたも、わくど息子の嫁さんには、なろうごつなかったろうに、[*26]

でもあの子は、神さんの申《もう》し子《ご》のわくどじゃ。決して悪くはせんばい、辛抱《しんぼう》してくれんの」

嫁さんは優しか気持ちがうれしくなって、つい涙が流れてきて止まらんじゃったげな。

その涙がわくど息子の頭の上にもぽつん、ぽつんと落ちたげな。

するとあっという間に立派な若者に生まれ変わらしたげな。

はい、おしまい。

＊26　なりたくなかっただろうに

【解説】

この民話は貧乏な男性が身分の高い金持ちの娘と結婚するという笑い話を、「わくど」や「こうばし」を取り入れて面白く語っています。

昔の結婚相手は見合いで決まることが多く、親同士で決められて顔もよく知らない相手と結婚することが多かったようです。

見合いと言っても、お茶を出してその時に顔ををチラッとみるくらいで、お互いが直接顔を合わせることはありませんでした。しかし、互いに相手の身元は詳しく調べています。そして縁談が決まれば「キメダル」を送るのでした。キメダルとは「決め樽」と書き、娘方から承諾の返事をもらったお礼に、仲人が角樽と酒一升、鯛一匹を持ってお礼に行く儀式です。

このように結婚にいたるまで簡単ではありませんでした。

民話では息子がわくどになっていますが、「わくど」とは方言でカエルのことです。

本当の名前は「ヒキガエル」ですが、「ガマガエル」と呼ぶ人もいます。

神様から授かった「わくど」を自分の息子として育てるとありますが、これは年を取ってから授かった子供であり珍しいことから、あるいは普通ではない拾い子であることから、神様からの授かり子として語られているのでしょう。

ではなぜ、「わくど」なのでしょうか。


わくどは茶色の大きなカエルで、体にはイボイボがあり、足が短く、とても美男子であるとはいえません。この民話でも貧乏な醜男として語られています。

しかし父母にしてみれば、年を取ってから生まれた息子がかわいくてたまらないのです。

そして、親からわくど息子へ三つの願いがありました。

一つは「身の安全」。二つに「裕福になること」。三つに「結婚」でした。

わくど息子は育ててくれた親を安心させるため、こうばしを持って嫁探しの旅に出ます。貧乏人の醜男が金持ちの娘と結婚をすることなど考えられませんが、民話ではなぜか、娘がこうばしを食べたというだけですんなりと結婚が許されます。

裏を返せば、交わした約束を違えることはそれほど許されないことだったのです。

もともとこの二人は恋愛関係にあり、身分の違いで結婚ができませんでした。しかし娘に子供ができ、心配した男が娘の家にやってきたというのが本当のところでしょう。

娘は子供を宿していることを親にも、もちろん他の人にも言うことも出来ず、そのために芝居を打って結婚を認めてもらうほかありませんでした。

「こうばしば食うたもんは、嫁さんにならなでけん」とわくど息子が言う場面がありますが、本当は「娘さんと結婚させてください」という意味が秘められているのです。

誰も食べないと笑い飛ばしたようなものを、口のまわりに食べた後を残すほどのふるまいで食べた娘。こうなってしまえば親も認めざるを得ません。

また、こうばしには、食べながら話すと粉が飛び散って醜いことから、「余計な話をしてはならない。人の悪口を言ってはならない」という戒めの意味があります。

さて、こうした芝居によって娘の親は事情を理解しながらも口を出すこともできず、泣く泣く娘を嫁にやることにしたのでした。

わくど息子が嫁を連れて帰ってきたので老夫婦は涙を流して喜びました。その感情に触れて、嫁もまた涙を流します。

この喜びの涙こそが、わくど息子を立派な人間に変身させます。

民話は、「人は人間らしい感情が必要である」とともに、「人との出会いや縁を大切にしなさい」と伝えているのです。

こうばし（はったい粉）

こうばしには、「麦」を粉にしたものと、「米」を粉にしたものとがあります。

「人の悪口を言ってはいけない」などの戒《いまし》めがあるこうばしですが、やはりそのまま食べると喉につかえることから、お茶を飲みながらシバの葉をスプーンのようにしてすくって食べます。

六月一日はお釈迦様が亡くなった日であることから、いまでもこうばしを食べる風習が残っています。

揚巻《あげまき》

へこちがい

海のある大川村《おおかわむら》から山のある八女村《やめむら》へ嫁《よめ》にいった娘に、母ちゃんが手紙ば*1出したげな*2。

「有明海《ありあけかい》の春の名物のあげまきが美味《おい》しか季節になりました。婿《むこ》さんにゆっくり食べさせてやりたかけん*3、出かけるようにしてください。待っています。　母より」

その手紙をもらった婿さんな*4、あげまきなんか食べたこつ*5がなかっ

*1　～を
*2　～そうです
*3　～ので
*4　～は
*5　こと

たけん、喜んで行くこつにしたげな。

その日の朝、嫁さんが言わした。

「あげまきの汁もんが出るけん、そん時は、へこばはずして食べなんもんの[6]」

そいで[7]山のお土産《みやげ》ば持って嫁さんの家に着いたげな。

「よう来てもろて、父ちゃんが海であげまきば、どっさりとってきたけん、ゆっくりとして食べてくれんの[8]」

ち[9]、嫁さんの母ちゃんがいうたげな。

婿さんな嫁さんのいうたこつが気になっとったけん、母ちゃんに聞いたげな。

「あげまきの汁もんな、へこばはずして食わなんち[10]聞いたが、そりゃあ本当じゃろうか」

「ほんなこつばい[11]。あんたもへこばはずして食べないかんとばい」

＊6　食べないといけないよ

＊7　それで

＊8　食べていきなさい

＊9　～と

＊10　食べないといけないと

＊11　本当だよ

ち、母ちゃんがいわしたげな。

そこで婿さんな考えらしたげな。

「山じゃ何か食ぶる時、[12]一度でん[13]へこば外《はず》して食べたこつはなかが、
海じゃへこばはずして食ぶる習慣《しゅうかん》があるちゃあ、[14]初めて知った」

婿さんな、さっそく便所《べんじょ》ば借りて、へこばはずしたげな。

それからあげまき料理が出てきたげな。

母ちゃんがあげまきの汁ものを持ってきて、

「はよう、へこばはずして食べんの」

ちいうたけん、

「へい、ここにはずしています」

ちいうて、自分のへこば見せたところ、みんながげらげら笑いだし、

「へこはへこでも、へこちがいたい」

ちいうて、また大笑いばしたげな。

---

*12 食べるとき
*13 一度でも
*14 あるなんて

「ようと*15見とらんの。あげまきのまわりの黒いところば、へこちいうて、こいば*16取って食べるとうまかとたい」

そういいながら、婿さんのあげまきの汁もんのへこば、とって食べさせたげな。

婿さんな、一口汁を飲んだところ、あまりの美味《おい》しさに、笑われたこつもすっかり忘れてしまわしたげな。

はい、おしまい。

---

*15　よーく

*16　これを

【解説】

人の失敗というものは笑いが起きますが、笑われる側からすると恥《は》ずかしいものです。

この「へこちがい」という民話は、自分のへこ（ふんどし、下着）とあげまきのへこ（貝ひも）とを間違えたことによって婿さんが恥をかいた、というお話です。

長い人生の中で、誰しもがこんな間違いをたくさんしているはずです。この民話が今日まで残っている理由は、婿さんの恥ずかしい間違いに多くの人々が共感し、この民話を愛したからだと考えられます。

嫁さんのお母さんが、婿さんのあげまき汁のへこを取って食べさせせげる場面からは、家族の温かさを感じられます。婿さんはそんなもてなしや、あげまき汁の温かい味に、笑われた恥ずかしさや怒りなどもすっかり忘れてしまいます。

失敗したことも忘れてしまう優しさのある家庭——こうした寛容《かんよう》さは現代人にとっても必要なものです。誰しもが恥ずかしい失敗をしていることや、失敗を忘れさせる温かい空気の大切さを伝えるために、この民話は語り継がれてきたのです。

箸休め「母の応援歌」

私の母は大正の生まれで、戦争による食糧難を経験しています。その影響なのか、食べ物の出てくる歌がとても好きで、たびたび口ずさんでいた。

「親子丼、お寿司に弁当、サンドイッチ。ラムネにサイダーに牛乳」

この歌はその中でも特に母が好んでいた歌で、朝にこの歌が台所から聞こえてくれば、私と弟は「今日の弁当は、おいしかよね」と喜んだものだ。

母の作る弁当といえば、主役は煮付けで、すべてが茶色だった。

しかし時々、花見弁当のように鮮やかな弁当を持たせてくれることがあった。その日の朝は決まって「親子丼、お寿司に弁当、サンドイッチ。ラムネにサイダーに牛乳」という調子外れな声が台所から聞こえてきた。

「お母さん、なんでこの歌を歌って作る料理は上手なの?」

母の答えを、今でも覚えている。

「お母さんが子供のころは、毎日ひもじい思いをしていたの。だから、あれを食べたい、これを食べたいって、美味しい料理を想像して、お腹いっぱいになった気になるしかなかったのよ。親子丼は美味しかろう。それにお寿司や弁当を食べて、サンドイッチまで。もうお腹がパンパンよ。そのうえ、ラムネにサイダー、牛乳まで飲めるなんて最高じゃない」

母は続け、

「でもいまは歌うだけじゃなくて、作ることもできる。私が食べたかったたくさんのものを、あなたたちにも食べさせてあげたいなって歌っていると、勝手に美味しい料理が出来上がっているのよ」

嬉しそうに答える母の笑顔が、いまでも私の源泉のひとつだ。

ある日、学校の家庭科の時間にサンドイッチを習った。

先生が「食べきれなかったら持って帰ってもいいですよ」と言ったので、三つ作ったサンドイッチを本当は全部食べたかったけれど、一つだけ食べて、二つを持って帰った。

母に食べさせたかったからだ。

「上手に作ったね」

サンドイッチを一つ摘んだ母は、私を褒めてくれた。

けれども私は母が褒めてくれた嬉しさよりも、母が一つしか食べなかったことにイヤな予感を抱いていた。

「このサンドイッチはお母さんが全部食べなんよ。ぜったい弟にやったらいかんよ！」

私は何度も何度も言い聞かせて、母は「うんうん」とうなずいて笑っていた。

その夜、私がお風呂に入っていると、居間から弟の声が聞こえてきた。

「姉ちゃんにはわからないように食べるけん、お母さんは心配せんでよかよ！」

この後、私と弟がケンカをしたのは、いまではいい思い出だ。

私も母になると、怒るとわかっていても弟に食べさせてやりたかった亡き母の想いがわかる。

戦後、私たちの生活はみるみる豊かになった。移動も家事もカンタン。インスタント食品の普及で料理に時間がかからなくなった。

いわゆる「インスタント文化」が私たちの生活に溶け込んでいった。

その結果、食べ物が欲しければすぐ手に入り、お腹を空かせることはほとんどない。なんでも無駄なく、手早く、最適に。

こうした効率化は、私たちの育んできた家庭や食文化を侵食していった。一見無駄に思えるようなやり取りや、家庭での手間のかかる生活が育んでくれた「人としての思いやり」が失われてしまったのではないかと思う。

「親子丼、お寿司に弁当、サンドイッチ。ラムネにサイダーに牛乳」これは母自身の応援歌だが、いつしか私にとっても応援歌になっていた。

「食べ物が足りないと、人は幸せになれない」というのが母の口癖だ。その後には「そのためにはしっかり働いて、努力を怠らず、頑張りなさい」と続いたのを覚えている。

胸が熱くなってどうしようもない母の応援歌だ。

飴

飴買《あめか》い幽霊《ゆうれい》

ある冬の日のことじゃった。

みすぼらしい女の旅人《たびびと》が、家々《いえいえ》の戸を叩《たた》いてまわっておった。

「お願いします。一晩《ひとばん》だけ泊《と》めてください」

その日は朝からひどく冷え込んでいて、どこの家の戸も開くことはなかったげな。[*1]

夜が明けると、旅人の女は道端《みちばた》に倒《たお》れて死んでおったげな。

＊1　～そうです

話を聞きつけた近くのお寺のお坊さんは、女を哀《あわ》れに思い、自分の寺に埋葬《まいそう》してやらしたげな。

その晩のこつ[*2]やった。


町の飴屋《あめや》の戸を「トン、トン」と叩く人がおった。

飴屋のある通りは夜になると薄暗《うすぐら》く、いつもはひとっこひとり出歩いてはおらんかった。

しぶしぶ立ち上がった飴屋が、

「なんのようじゃろうか」

ち[*3]いうて戸を開けると、白い顔をした女が立っておらした。

「飴ば[*4]一つ、おくれ」

飴屋は夢でも見ているのではと足をつねってみるが、どうにも痛い。

「一つでいいんですかい」

＊2　こと
＊3　〜と
＊4　〜を

ち飴屋が聞くと、女は黙《だま》ってこくりとうなずいた。
飴屋が飴を一つ選んで渡すと、女も一つ分の金を渡したげな。
飴を受け取った女は、すーっといなくなってしもうたげなばい。[*5]
翌晩《よくばん》、飴屋の戸を「トン、トン」と叩く人がおった。
飴屋が今度はいそいそと戸を開けると、昨日と同じ女が立っておったげな。
「飴ば一つ、おくれ」
飴屋が飴ば一つ渡すと、女もお金を一つ分だけ渡したげな。
飴屋はぶるっと震えた。
金を渡した女の手の冷たいこと、冷たいこと。
翌日も女は飴を買いにやってきたげな。

＊5　～らしい

飴屋は不思議に思い、女のあとをこっそりつけていったげな。

するとお寺の墓地《ぼち》の所で、女の姿が消えてしもうた。

そしてどこからともなく、赤ん坊の泣き声がしてきたげな。

怖《こわ》くなった飴屋は、足をガタガタと震《ふる》わせながらも、赤ん坊の泣き声のする方に歩いていかしたげな。

飴屋が足を止めたのは、最近、道端で行き倒れていたと噂《うわさ》される女の墓だったげなばい。

たまげた飴屋は、急いでお寺のお坊さんにわけを話したげな。

するとお坊さんな、*6
「こりゃあ大変だ。はよう墓を掘り返さんと、赤ん坊が助からん」

というなり、墓を掘《ほ》り返さしたげな。

すると墓の中には、元気に泣きわめく赤ん坊がおったげな。

その横には飴を握《にぎ》ったまま動かない女の姿もあったげなばい。

---

*6　〜は

これを見たお坊さんと飴屋は涙を流し、手を合わせたげなばい。

そしてお坊さんな、死んだ女に声ばかけらした。

「子を想う母の強いお心、しっかり受け止めました。私が立派に育てますから、安心して成仏《じょうぶつ》なさってください」

お坊さんな、赤ん坊を抱いてお寺に帰り、自分の子供として、大切に育てらしたげなばい。

その後、その子供は、そりゃあそりゃあ立派《りっぱ》なお坊さんにならしたげな。

はい、おしまい。

【解説】

かつて死者は土葬《どそう》で埋葬《まいそう》されていました。掘った土の中にお棺に入れた遺体を埋めます。しかし、現代ほど死亡の確認が厳密《げんみつ》ではありませんでした。だから新しい墓の中から赤ちゃんの泣く声がしたというのは、実際にあったこと――というのは聞いたことがありますが、本当かどうかはわかりません。

昔は、子どもが生まれ育つのは神の御加護《ごかご》があるからだ、という産神《うぶがみ》信仰が根付いていました。出産すると米を炊いて産神に供え、それを産婆《さんば》（助産婦）さんや手伝いの女の人に食べてもらうのが当たり前の儀式だったのです。

赤ん坊を丈夫に育てるという行為は、本能的な母としての愛情のためだけでなく、神の恩に報いる人間の義務であり、ある種の神聖な行為でもありました。

したがって、幽霊になってもなお子どもを育てるという話は人々の心を打ち、また仏教要素も混じることで、親しみやすい民話として広く受け入れられました。

また、全国的に広く分布している同種の民話の多くは、高僧の出生の秘密が「墓」と「幽霊となった母が飴で育てる」話として語り継がれています。

特別な人間には、その力の源泉を納得できるような、特別な出生が必要だったのです。

幽霊になっても子どもを育てようとする母の情念が信じられない奇跡を起こす——そんな民話です。

おはぎ

おはぎとびきたん

ある村に、おはぎが好きな婆《ばあ》さんがおらした。

婆さんな[1]、がまだしもん[2]で、がまだして稼いだ金で砂糖《さとう》ば[3]こうて[4]、おはぎば作って一人で食べよらした[5]げな[6]。

ところが、息子にしっかり者の嫁《よめ》さんがこらして[7]からは、おはぎば作られんじゃった。

嫁さんが婆さんにいうた。

＊1　〜は
＊2　頑張り者
＊3　〜を
＊4　買って
＊5　食べていた
＊6　〜そうです
＊7　来て

「まーた、砂糖ばこげんつこうて。[8] おはぎば作ったじゃろ。金持ちじゃなかけん、おはぎば作るこつ[9]はやめんの」

そいから[10]は婆さんな、おはぎば作るこつも、食ぶる[11]こつもやめらした。そのうえ、畑《はたけ》仕事《しごと》もやめてしまい、元気がなくて、ぼんやりと過ごしておったげな。

嫁さんな、婆さんを見て少しかわいそうに思い、おはぎば四つ作らした。

そのおはぎば一つ食べてみらしたところ、

「天にも昇《のぼ》るごつ[12]、うまか、うまか」

一つ食べたら、もう一つ、もう一つ食べたらもう一つと、とうとう四つぺろりと食べてしもうた。

「おはぎちゃあ[13]、こげんうまかもんちゃ、はじめて知ったばい」

嫁さんな、大満足《だいまんぞく》じゃった。

＊8　こんなに使って
＊9　こと
＊10　それからは
＊11　食べる
＊12　〜ように
＊13　〜とは

そいから嫁さんな考えらした。

「こげんうまかおはぎば、婆さんにまた食べさせよったら、砂糖がすぐなくなるばい。はよう砂糖ば隠《かく》さんと」

そいからさい、*14 戸棚《とだな》の奥の古かめに砂糖ば隠したげな。

ばってん、*15 婆さんが隠したところば見よらしたばい。

婆さんな、心の中で、

「こんちきしょう、嫁だけには食わせんぞ」

ち思ったげな。

そしておはぎば作る機会《きかい》のくるのを、いまかいまかと待っとらした。

ついにその日がきたげな。

嫁さんがいうた。

「今日は夕方まで畑の仕事ばするけん、だれん*16 おらんもんの」

婆さんな、さっそくおはぎば作り始めらした。

＊14　それから
＊15　しかし、
＊16　だれも

砂糖がたっぷり入ったおはぎが五つ、できたげな。

二つ、すぐ食べた。

久しぶりのおはぎは、甘くてほっぺたが落ちそうになるごて*17うまかったげな。

あと三つは戸棚になおしておった。

婆さんな、幸せな気持ちになって、うとうと寝てしもうたげな。

「いま帰ったばい」

嫁さんの声に婆さんな飛び起きたげな。

「はやかったの」

婆さんがいうと、

「今日は仕事がさばけたけんはやかった」

ち嫁さんがいうた。

そいから婆さんな、戸棚の中に三つ残したおはぎが気になって仕方《しかた》

---

*17　〜ほど

がなかったげな。

そこで庭にいたびきたん[*18]ば三匹捕《つか》まえると、嫁さんに聞こえないように、びきたんに言い聞かせたげな。

「びきたんよ、びきたんよ。嫁が戸を開けておはぎを見つけたら、びきたんになれ」

と、びきたんにようと頼んだげな。

嫁さんな、婆さんがびきたんに頼んだこつば、聞きよらしたげな。

そいで婆さんが部屋に入って出てこらっさん[*19]隙《すき》に、おはぎば三つ、ぺろりと食べたげな。食べた皿には婆さんが捕まえたびきたん三匹ば入れて戸棚に戻したげなばい。

そうとは知らない婆さんな、嫁さんが部屋に入って出てこらっさんことば知ると、戸棚を開けた。

おはぎが入っている皿を出すと、びきたんが「ぴょん、ぴょん、ぴょ

＊18　カエル
＊19　出てこない

ん」と三匹飛び出してきたけん、婆さんな、慌てていうた。

「これ、びきたんよ。婆さんだよ。はようおはぎに戻らんの」

ち、何回でもいうばってん、いっちょんおはぎにゃ戻らんじゃったばい。

はい、おしまい。

【解説】

民話のなかで、「おはぎに戻れ、おはぎに戻れ！」と姑さんがびきたんに何度も叫びます。しかし、おはぎに戻らずにびきたんが飛び跳ねてしまうだけです。びきたんを使ってまでおはぎを独り占めしようとした姑さんですが、その願いは叶わず滑稽な姿をさらしてしまいます。

民話の多くには仏教の教えがたくさん入り込んでいますが、この民話の教えとは「みんなで分け合って食べることの大切さ」を伝えているのです。

しかし人間には欲があります。それも善の欲と悪の欲の両方が私たちの心には備わっているのです。ですから姑さんは独り占めしようとし、びきたんにいさめられてしまいます。このびきたんという存在は何を表しているのでしょうか。

仏教説話では月にはウサギが住んでいると語られていますが、古代中国ではウサギの他にヒキガエル、つまり、びきたんも住んでいるとされていました。

びきたん、つまりカエルは月の神様に仕える生き物であり、人の言葉を理解するのも、人の行動をいさめるのも、いたって当然な存在だったのです。

さて、仏教の開祖であるお釈迦様の誕生日を祝う日になると、甘い砂糖がたっぷりと入ったおはぎやぼた餅、饅頭などを供える風習がありました。いまでも、春の彼岸と秋の彼岸には、おはぎを供える風習が残っています。砂糖の甘味は人間をふくよかな思いにさせてくれるので、仏教の祭りごとには砂糖たっぷりの甘いお菓子が欠かせません。

仏教と砂糖文化はとても密接な関係を持っていました。

十五世紀頃には、砂糖は貴重な薬として重宝されていました。死にそうな人に砂糖をなめさせるだけで元気になったという話さえあります。

鑑真和尚は砂糖を気付け薬として扱っていて、砂糖一グラムと金一グラムは同じ価値があったとまでいわれています。この砂糖が流入したことで、日本の食文化もたいへん豊かになっていきました。

また、仏教では動物性の食を避けなければなりません。

しかしそれでは満足ができないので、考え出されたのが植物性の小豆に砂糖と寒天を入れた羊のあつもの、つまり「羊羹《ようかん》」です。砂糖は人の欲求を満たして、食文化とお菓子文化の発展に大きく寄与しました。

しかしその裏にあるものは、もっと美味しいものが食べたいという人の欲求であることはいうまでもありません。

砂糖が貴重な時代に口にした甘いお菓子のありがたみは、現代の我々では想像もつかないほどのものがあったのでしょう。

仏教と砂糖文化がうまくマッチし、筑後川流域の人々を幸せにしてきたお話が民話となって残されています。

ぼたもち

毒《どく》を盛《も》る

昔、昔のことじゃった。

筑後川《ちくごがわ》のほとりに小百姓《こひゃくしょう》の家があって、そこに嫁《よめ》さんがこらした。[*1]

それから一年もたつと姑《しゅうと》おっかさんがいわした。[*2]

「めしの炊《た》き方がわるか[*3]」

「みそ汁がうまくなか」

などの小言《こごと》がひどくなり、嫁さんな[*4]、姑おっかさんば、ふるふる[*5]好

＊1　〜が来る
＊2　言った
＊3　悪い
＊4　〜は
＊5　本当に

かんごつ[*6]なっていかした。

そんなある日、

「これ、嫁よ。今日は畑で昼めしばくうて、一日がまださんの[*7]」

ちいうて[*8]、にぎりめしばやらした。

そして婿《むこ》さんには、

「お前は昼になったらはよう家にこんの[*9]」

ちいわした。

昼になって婿さんが家に帰っていくのを見て、嫁さんな、そうと後ばつけらした。

家について、節穴《ふしあな》から家の中ば、そっと覗《のぞ》いてみると、近所のばあさんたちが、うまそうにぼたもちば食《く》いよらした。

婿さんもうまそうに、ぼたもちば食いよらした。

そいば[*10]みて嫁さんな、はがゆうしてたまらんじゃった。

＊6 〜ように
＊7 働きなさい
＊8 〜と
＊9 帰っておいで
＊10 それを

姑おっかさんが、ぼたもちば一口食うていわした。

「嫁に食わせんぼたもちは、なんち[11]こげん[12]うまかろうか[13]」

「そげん[14]、そげん」

ち、ばあさんたちが笑ろうていうた。

そいば聞いた嫁さんな、はらかかした。[15]

その夜、嫁さんな、お寺の住職《じゅうしょく》ば訪ねたげな。[16]

そいでいままでの理由ば話して、姑おっかさんば殺すための毒が欲しかとたのんだげな。

すると住職な、

「人を殺すような毒などあるもんか。そげな[17]相談《そうだん》なら医者様ばたずねんの」

ちいわした。

嫁さんな、急いで医者の所に行かした。

＊11　なんと
＊12　こんなに
＊13　美味しいのだろうか
＊14　その通り
＊15　怒った
＊16　〜そうです
＊17　そんな

そいで今までのこつ[18]ば話して、毒が欲しかとたのんだ。

医者さんな、

「ある。よか毒薬《どくやく》があるぞ」

ちいわした。

嫁さんな、

「ああ、よかった。そいばわけてくれんの[19]」

ちいうと、医者さんな、

「この白い粉の毒薬ば、毎日耳かき一杯だけ食べ物にふりかけると、すぐには死なんが、必ず死んでいく。ばれないようにするんだぞ」

ちいうて、毒薬ば少しだけやらした[20]。

朝ば待った嫁さんな、朝飯ば食ぶる前、姑おっかさんのめしに、白い粉ば耳かき一杯だけふりかけらした。

そいで、三人で朝ごはんを食べ始めらした。

＊18　〜のこと
＊19　〜してください
＊20　あげた

姑おっかさんが嫁さんばじろじろ見らした。嫁さんな、毒ば入れたこつが、ばれたかち思い、汗ばふきだして姑おっかさんの顔ば見られんじゃった。

朝飯が終わると姑おっかさんが、

「今日の朝飯は、お前が炊いたのか」

ち聞かしたけん、

「はい」

ちいうと、

「いままでで一番うまかった」

そいば聞いた嫁さんな、姑おっかさんが初めて褒めてくれたことに、たいそうたまがらした。[*21]

姑おっかさんな、近所のばあさんたちにも、めしの炊き方が上手になったこつば、自慢《じまん》さした。

---

*21 驚いた

嫁さんな、つぎにみそ汁に毒ば盛った。

姑おかっさんな、みそ汁もうまかち褒めてくれた。

毒を盛ってから、毎日嫁さんば褒めてくれるけん、嫁さんな、考えらした。

「殺したらいかん。うちが間違っとった」

そう気づくと、走って医者さんの所に行ったげな。

「医者さん、この毒薬ばお返しします。今度は姑おっかさんが長生きする薬ばくれんの」

ち、嫁さんが頼ました。そいで、いままで姑おっかさんに毒を盛った罪に、悪か嫁じゃったと泣き出した。

医者さんな、

「これ、これ、嫁さんや泣かんでよか。毒薬はやっとらん。この白い粉はメリケン粉《こ》じゃ」

ちいうて笑わした。

医者さんは嫁さんの心が少しでも晴れるように、メリケン粉を毒というて渡したのじゃった。

家に帰って嫁さんな、姑おっかさんにすべてのことを話して謝ったげな。

すると姑おっかさんが、

「この、ばかもんが！」

ちいうて、嫁さんばみて、ニタッと笑わした。

この様子ば見とった婿さんな、

「よかった、よかった」

ち小さな声でいわしたげなばい。

はい、おしまい。

【解説】

毒を盛るとはどんなに恐ろしい民話だろうか――と思いがちですが、話が進むにつれて笑いが出てきます。

話のはじめのほうにぼたもちが出てきますが、昔は一年に一度くらいしか食べられなかった御馳走《ごちそう》でした。

筑後川流域に伝わるぼたもちは、もちの上に小豆の甘いあんがたっぷりとかかった、少し太めのものでした。

そのぼたもちを嫁さんだけ食べさせてもらえないという悔しさから、毒を盛ることになっていきます。食べ物の恨みは恐ろしく、ぼたもちを食べさせてくれなかった姑さんを殺したくてたまらなかったのです。

昔も今も、嫁と姑の問題は永遠のテーマですが、この民話では毒のおかげで嫁と姑は仲が良くなりました。

これを一番喜んでいたのは婿さんであったことも忘れてはなりません。

夫婦円満の秘訣は嫁さんにあることも、民話は良く知っているのです。民話は知っています。毒よりも怖いのは人の心だと。それも、あなたにも、私にもその心が潜んでいることを。

豆腐《とうふ》・こんにゃく

とうふばあさんと、こんにゃくばあさん

ある村に豆腐《とうふ》ばあさんと、こんにゃくばあさんと呼ばれるおばあさんたちがおらした。
豆腐ばあさんな[*1]、村の東のはしで豆腐を売っておらした。
こんにゃくばあさんな、村の西のはしでこんにゃくを売っておらした。
二人のばあさんな、働きもんで、豆腐もこんにゃくもよく売れよっ

＊1　〜は

たげな。[*2]

そんな二人が村のお地蔵《じぞう》さんのところでばったり会ったげな。

そこで、こんにゃくばあさんが

「あんた、どこに行きよっとの[*3]」

ち、[*4]声ば[*5]かけらした。

「医者さん行き[*6]よっところたい」

ち、豆腐ばあさんがいうと、

「なんちゃ[*7]、まだ医者どんに行きよっとの。[*8]あんたは、いつでん[*9]青白か顔をしとるけん[*10]、病気がようならんとばい。豆腐ばっか食べんと、たまにゃ、こんにゃくも食べんの」

ち、こんにゃくばあさんがいわした。

豆腐ばあさんな、カチーンと頭にきて、

「あたしゃ、こんにゃくは腹が黒くなるけん食べんばい。あんたこそ、

＊2　〜そうです
＊3　行っているの
＊4　〜と
＊5　〜を
＊6　〜へ
＊7　なんと、
＊8　行っているの？
＊9　いつでも
＊10　〜から

腹が白くなるごて[*11]豆腐ば食べなんめも[*12]」

するると、今度はこんにゃくばあさんがカチーンと頭にきて、

「この前さい[*13]、孫に豆腐ば買いに行かせたとき、豆腐のかどが全部くずれとったばい。あんたに似て色は白かばってん、よわよわしくて、あんたげん[*14]豆腐も医者にみてもらわなんめんも[*15]」

ち、笑わした。

豆腐ばあさんが悲しくなって、ふとお地蔵さんを見ると、やさしい顔でこちらを見ておられる。

豆腐ばあさんは心を落ち着かせて、なにごともなかったようににこにこして聞いたげな。

「こんにゃくばあさん、あんたこそ、どこに行きよっとの」

「あたしや、お寺さん行きよる」

ち、こんにゃくばあさんが答えらした。

＊11　～のように
＊12　食べなさいよ
＊13　この前（強調）
＊14　あなたの所の
＊15　診てもらわないといけないでしょ

それを聞いた豆腐ばあさんな

「ほう、お寺さん参りちの。[*16] あんたこそ、お寺参りには行っちゃいかんばい。こんにゃく作りにゃ、灰《はい》でかためんと、こんにゃくにはならんじゃろ。お寺さんは灰になる前の人間がお参りに行くところばい」

そげんいうて、お地蔵さんに頭ばぺこりとさげて、豆腐ばあさんはすたこらさっさと医者さんにいかしたげな。

はい、おしまい。

＊16　〜なんだね

【解説】

色が白くて弱い感じの豆腐ばあさん。しかし、本当は芯がしっかりとしています。
色が黒くて強い感じのこんにゃくばあさん。しかし、本当はお人好《ひとよ》し。

この二人の交わす会話はどちらも本音で面白く、どちらも負けていません。本音で言い合いながらも、裏側にはお互いの信頼や愛情が垣間見えます。
日本の民話は言葉の裏側を察したり、考えたりすることが楽しい反面、日本語を知らない人には通じないかもしれません。

昔から、老いぬれば変化が出てくることが伝えられています。
・老いぬれば、コケやすし。
・老いぬれば、キレやすし。
・老いぬれば、ホンネ出やすし。

・老いぬれば、ウロたえず。
・老いぬれば、キにならず。

年を重ねた老女は、いってみれば半分は男性化したような存在です。一人で世に立っていく辛さも男性並みに経験をしています。

こんにゃくばあさんが豆腐ばあさんに言った、「医者にいつまで行きよるの」には、薬代がもったいないからやめなさいという意味も込められています。

しかし、豆腐ばあさんは「いらんお世話」と食ってかかり、「あんたこそ、アクのあるけん寺に行くことはできないだろう」と反論しています。

この民話は豆腐の材料やこんにゃくの材料を知っていないと面白さが伝わってきませんし、細やかな意味まで理解することはできません。

年をとっても豆腐屋のばあさん、こんにゃく屋のばあさんとして働いています。働く力を持つことは、健康に長生きすることにもつながっていきます。良い意味での「したたかに生きる」ことこそが、この民話が一番伝えたいことなのかもしれません。

粽《ちまき》　おもれぬちまき

むかし、筑後川《ちくごがわ》のほとりに貧しい落武者《おちむしゃ》が住んでおらした。
ここん人たちゃ、熊本《くまもと》の天草郡苓北町《あまくさぐんれいほくちょう》の志岐《しき》城主《じょうしゅ》、志岐麟泉《しきりんせん》の家《か》臣《しん》の流れといわれるとばい。*1

天正《てんしょう》十七年のことじゃった。
志岐麟泉と小西行長《こにしゆきなが》の二人が、宇土《うと》城《じょう》補修《ほしゅう》をめぐって喧嘩《けんか》になり、

*1　言われている

戦の結果、志岐麟泉が負けてしまったげな。[*2]
だけん、[*3]家臣たちは各地へ散らばっていき、その一部の人が大川の榎津《えのきづ》の庄分《しょうぶん》に逃げてきたげな。
追われる身分なので、毎日お腹がすいた生活が続いたげなばい。

五月の節句《せっく》の頃じゃった。

見ると、うまそうなちまきがたくさん作られていたげな。

志岐家の落武者の一人は、もう我慢《がまん》ができなくなって、ちまきを盗みに入ったげな。

家の者が泥棒《どろぼう》に気づき「どろぼう、どろぼう！」ち、[*4]大声を出して追っかけてきたげな。

もう逃げきれないと悟《さと》った落武者は、そこにあった包丁《ほうちょう》で腹を切って亡くなってしもうたげなばい。

＊2　〜そうです
＊3　だから
＊4　〜と

そいから、庄分の志岐家では、ちまきば*5いくら蒸しても蒸《おも》れんじゃったげな。だげん、いまでん*6、ちまきばつくることはなかとばい。

はい、おしまい。

*5 〜を
*6 今でも

【解説】

この民話は落武者《おちむしゃ》となった志岐家《しきけ》の人々が子孫に伝えていくために残した民話です。仕えていた殿様がいなくなったことで、落武者としての生活を余儀《よぎ》なくされた人々は、その苦しみ――特に食べるものがないという苦しみ――が切実なものだったのでしょう。飢えの苦しみに耐えかねてとうとう盗みに入ってしまうが、それも見つかってしまい切腹《せっぷく》を選ぶ。

武士にとって盗みはなによりも恥ずべきことの一つでありますが、飢えの前には誇りさえも無力でした。それでも最後には腹を切ることを選んだのは、武士としてのなけなしの意地だったのでしょう。

志岐家ではいまでもちまきを食べることはタブーだとされていますが、ちまき一つ食べることのできなかった先祖がいたと語り継ぐことで、子孫たちは驕《おご》ることなく、勤勉《きんべん》さや謙虚《けんきょ》さ、生きることへの意志の強さを学ぶ一助《いちじょ》としたに違いありません。

やがて志岐家の人々は船作りや家具作りに注力するようになり、現在の大川市の街づくりに大きく寄与することとなります。

一族の誇りと恥を恐れることなく語り継ぎ、受け入れることで、ふたたび表舞台で活躍するようになった彼らを支えてきたのは、ひっそりとした一つの民話だったのです。

箸休め「おこもじ」

「おこもじ」という平安時代に公家《くげ》の使っていた言葉が今日まで残されている。歴史的な資料を紐解いていくと、大川市の歴史に関して以下の記述が見られる。

七八六年、公家八院殿《いんでん》が内裏《だいり》から木室に下向《げこう》する。
一二四五年、公家四条《しじょう》家が三潴荘《みづまのしょう》家である。

こうしたことから大川市と公家との繋がりは見えるが、実はこの「おこもじ」という言葉は食べ物の呼び名である。
おこもじの材料は、筑後地方でとれる野菜の漬物（からし菜、やましお、高菜漬けなど）だ。漬物の味は塩加減が大切で、コショウやミカンの皮、ウコンなどを入れてそれぞれの家庭の味を出している。春に漬け込めば一年中食べられる保存食であるため、美味しいものを作ろうと皆、手間をかけている。

少子高齢化となった今日では、こうした家庭の味が受け継がれにくく、漬物をつける人も少なくなったのが残念でならない。


さて、この野菜の漬物を「おこもじ」にしていくのであるが、これがなかなか簡単ではない。私もやったことはあるが、上手には出来なかった。

まず、野菜の漬物を縦に横に斜めにと色々な角度から小さく刻むように切り、漬物の根、葉の部分を、よく混ぜ合わせる。

手でつまみ上げて落とせばふりかけのように軽くなる頃合いが出来上がりである。

つまり「おこもじ」とは、ふりかけのように刻んだ細かな漬物のことなのだ。

お年寄りがいうには「おこもじ」にするときは、包丁がよく切れないといけない。

手に力を入れて切るのではなく、身体のリズムに合わせて切っていくと上手にできると教えてくれた。

もともと「おこもじ」は「お香の物」が転じたものだと聞いた。

平安時代には季節の野菜を、塩やお酢、味噌などで漬けたものを楽しんで食していたのであろう。

では公家ではなぜ野菜の漬物を細かく刻む必要があったのであろうか？

平安時代王朝絵巻に出てくる平安美人は、豪華絢爛《ごうかけんらん》な衣装を身に纏《まと》い、男女で歌を交わす気楽な生活を送っているように見える。

しかし、実態は不便な生活であったのだ。

また、平安時代の男女の美しさは「白い肌」にあった。

当時は常に薄暗い部屋で生活をしており、夜は蝋燭《ろうそく》の明かりだけが頼りだった。それゆえ、自らを美しく見せるためには薄暗い場所でもくっきりと目立つ白い肌が必要であった。

そのため、眉毛は一本残らず抜いて、白粉を顔に塗りたくり、唇から全部を真っ白に厚く塗ったうえで眉毛を描き、口紅を塗った。

十二単《じゅうにひとえ》を身に着けると全部で二十六着を身に纏うこととなり、その重さがあってもなおお淑《しと》やかに振舞わなければならない。

厚化粧《あつげしょう》をしているので白粉《おしろい》がはげ落ちないように、常に扇を持って顔を隠す必要がある。顔の筋肉を大きく動かすと余計に化粧が落ちてしまうので、大口を開けて笑うこともできない。

もちろん食べるときも同じだ。

そこで生み出されたのが「おこもじ」である。漬物を小さく切って粉のようにしてしまえば、口を大きく開けないでも食べられる。

公家の工夫によって生み出された「おこもじ」は、今日でも子供やお年寄りに喜ばれる食べ方として重宝されている。

にわとり

高良大社《こうらたいしゃ》の神籠石《こうごいし》

昔、英彦山《ひこさん》におった鬼たちが高良山《こうらさん》にやってきて、村人たちをさんざん苦しめたげな。*1

鬼は大きな目をつり上げてから、

「俺たちはこの高良山が気に入った。これからここを住処《すみか》にするぞ。いいな、それが嫌ならお前たちは出ていけ」

*2ち怒鳴《どな》り、村人たちはふるえあがって怖《こわ》がったげな。

---

*1　〜そうです
*2　〜と

そいば[3]だまって聞とった武内宿禰《たけうちのすくね》の神さまな[4]、怒りがこみあげてきて、鬼たちば[5]こらしめるために、にらみながらこういったげな。

「鬼たちよ、よく聞け。一番鶏《いちばんどり》が鳴くまでに、この山を囲《かこ》むごつ[6]大きか石ば並べたなら、お前たちの願いば聞いてやろう。だが、できなかったなら皆殺しだぞ」

鬼たちは、

「オオー、オオー」

ち声を上げて英彦山に飛んでいき、大きか石ば見つけると、高良山に残っている鬼めがけて「ポーンポン、ポーンポン」と投げたげな。

その早いこと、早いこと。

武内宿禰の神さまは、そいば見てたまげらした。

なんと、あと一つで石が並び終わろうとしおったげなばい[7]。

あわてた武内宿禰の神さまは、傘《かさ》と傘を叩き合わてバサバサと鶏《にわとり》の

＊3　それを
＊4　～は
＊5　～を
＊6　～ように
＊7　～らしい

羽の真似《まね》しながら、白い鶏に変身して、

「コケコッコー、コケコッコー」

ち、大きな声で鳴いたげな。

そいば聞いた鬼たちは、

「しまった、朝がきたぞ。それ、逃げろ」

ち、あわてふためいて逃げ出したげな。

武内宿禰の神さまは鬼の親分をとらえて、二度と悪いことをしないように鬼の耳をそぎ落とし、高良山から峰《みね》つづきの山に埋めたげな。

だけんこの山を、耳ば納《おさ》める山と書いて「耳納山《みのうさん》」ちいうとばい。

はい、おしまい。

【解説】

高良山には、高良大社の裏山の頂点から山腹をぐるりと取り巻くように、一・六キロメートル、約一三〇〇個の巨石が連なっています。

これが、一夜のうちに築かれたといわれる列石の神籠石です。

素晴らしい土木技術によって築かれたこの列石は、石と石の隙間がぴったりと埋まり、紙切れ一枚も通さないほどの精巧さが残されています。

では、神籠石はいったい何の目的のために作られたのでしょうか。

正確なところはわかりませんが、現在考えられている説のいくつかをご紹介します。

一つ目は、山で湧きだした水を一定の場所に導き、そこに水を貯めるためだと考えられています。つまり、ダムのような働きです。

谷を渡る部分には排水溝を備えた石塁が築かれており、水門も備えられています。

二つ目は、山城跡と考えられています。

江戸時代の早記物に、高良山神籠石の由来があり、そこには武内宿禰が呉の孫権の来襲に備えて築いたと記されています。

三つ目は、霊地の境界石と考えられています。

神籠石という用語は、福岡県久留米市の高良大社「縁起」に始まり、明治三十一年に歴史学者小林庄次郎氏により「神籠石」として紹介されています。

その小林氏が「霊地の境界石であろう」という考えを持たれていました。

四つ目は、城郭を除いて他に考えられないという説。

明治三十三年古代史学者の八木奘三郎氏は、古墳石室の構築法との比較から、築造年代は推古朝（七世紀初頭）以前であるとの調査報告を出しました。そこで八木氏の出した結論が、「城郭を除いて他に、この類の大工事は考えられない」というものでした。

その後から「神籠石」は「霊境」か「城郭」かとの論争が始まり、いまだに決着がついていません。

また、神籠石と呼ばれる山城はひとつではなく、北部九州の福岡・佐賀両県の筑紫平野を取り囲むように十ヵ所。山口、岡山、香川各県の瀬戸内海沿岸に四ヵ所などに点在しています。


では、民話の登場人物である「武内宿禰の神」、「一番鶏」、「鬼」にはどんな意味が秘められているのでしょうか。

高良大社に祀られているのは、中央に「高良玉垂命」、そして左右に「神功皇后」と「住吉の神」、「応神天皇」とされていますが、この「高良玉垂命」こそが武内宿禰ではないかといわれています。

一番鶏は神様に仕える鶏であり、朝いちばんに一日の始まりを告げる鶏です。

英彦山からやってきた鬼というのは、英彦山系の勢力が攻めてきた新興勢力を表し、高良山一帯が支配され、支配者が変わろうとしていたことを意味しています。

過去に起こった歴史的な事件が当時の信仰や風俗習慣と結びつき、高良山の鬼という存在となって、神籠石民話として人々に語り継がれたのでした。

栗《くり》・米《こめ》

名人産婆《めいじんさんば》さん

女山《ぞやま》のふもとにひとりの産婆《さんば》さんがおらした。

ある日のこと、産婆さんのところに、見知らん男が、

「うちの嫁が難産《なんざん》じゃけん早うきてくれんの」

ちいうて[*1]、呼びにきたげな[*2]。

産婆さんな[*3]男についていくと、立派《りっぱ》な家があったげな。

「こげな[*4]ところに、こげなよか家のあったじゃろうか」

＊1　〜と
＊2　〜そうです
＊3　〜は
＊4　こんな

ち思い家に入ると、嫁さんな、

「うーん、うーん」

ち、つらそうに、うなっておらした。

産婆さんがみると、逆子《さかご》で難産《なんざん》じゃった。

一人目ば産ませたら、もう一人。

「ああ、双子《ふたご》じゃ。だけん*5難産じゃったろうに」

ち思っていると、また一人、また一人。

四人の子供が生まれたげな。

婿さんな喜んで、栗の実と米ばお礼にやらしたげな。

産婆さんな、翌朝、目が覚めてから、

「昨日は夜中じゃったけん*6、わからんやったばってん*7、あげな*8よか家は本当にあったじゃろうか」

---

*5　だから
*6　〜から
*7　わからなかったけれど
*8　あんな

ち、考えらした。

人に話すと、

「そげな家はなかばい」

ち、誰でん[*9]いう。

不思議に思い、昨日行った道ばたどっていくと、家のあったところには狐の穴があって、穴ん中から狐の赤ちゃんの、

「キュン、キュン」

ちいう鳴き声が聞こえてきたげな。

産婆さんな狐にだまされたこつ[*10]が、くやしくて、そんこつば人に話すと、

「なんばいよっとの。狐にまでお産ば頼まるるちゃ[*11]、あんたは名人産婆さんたい」

ち、いわれたげな。

＊9　だれでも

＊10　こと

＊11　頼まれるなんて

その話が村から村に広がり、名人産婆さんち評判になっていったげな。

「産婆さん早う来てくれんの」

今日も名人産婆さんな、大忙しばい。

はい、おしまい。

【解説】

令和時代に入り「産婆さん」という言葉を聞かなくなりました。

産婆さんはお産をする女性の助産《じょさん》をする人で、自身のお産の経験と知識、そして赤ちゃんを無事に出産させる技術を要される職業でした。

妊婦にとってもっとも頼りになるのが産婆さんであり、多くの地域では尊敬や感謝の念で「お産婆さん」と呼ばれていました。

かつて出産は母子ともに命がけの一大事で、難産の場合には母と子の命の選択を迫られる場合もあり、家族を悩ませ、時に家庭を崩壊《ほうかい》させるほどのものでした。

それ故に、名人と呼ばれる産婆さんは地域の宝です。

一家の大事である出産を家族みんなで乗り越えることで、母は痛みに耐えて力強さを身に着け、無事に生まれた子どもは家の宝として皆に大切に育てられ、大人になった子は親孝行をする。そうした幸福の循環《じゅんかん》がかつては巡《めぐ》っていました。

民話の中で産婆さんは狐に騙《だま》されて悔しい思いをしましたが、村の人からは「狐からまで頼まれる名人産婆さんだ」と褒《ほ》められます。

産婆さんは地域にとって大切な存在ですが、社会的な地位は決して高いとは言えず、特にお金の無い田舎では、米や野菜などによって支払われていました。

狐もまた、栗と米で支払っています。それは貧しい暮らしの産婆さんを裕福にするものではありませんでしたが、産婆さんを支えるもっと大切なものをプレゼントしています。

それは「名人産婆さん」という称号《しょうごう》と誇《ほこ》りでした。

民話の最後に語られる、「今日も名人産婆さんな、大忙しばばい」という一説は頼もしさを与えてくれます。

筍《たけのこ》

水天宮《すいてんぐう》と河童《かっぱ》

筑後川の河童《かっぱ》はいたずら好きで、村のもんな[*1]こまっとったげな。[*2]

そこで村の総代《そうだい》たちが集まって、

「畑ば[*3]荒らしまわり、なんでんとれん。[*4]いたずらをやめさせるにゃどうすればよかろうか」

ち、[*5]相談したげな。長老《ちょうろう》がいうた。

「相撲《すもう》ばして河童ば投げ飛ばす力の強い若者はおらんとか」

＊1　〜は
＊2　〜そうです
＊3　〜を
＊4　何も取れない
＊5　〜と

総代たちは口ばそろえていうた。

「もう、こん村にゃ河童に勝つもんな、*6 悲しかばってん、*7 だーれん*8 おらん」

長老は考えこみながら、

「そげん*9 弱気《よわき》になったらでけんぞ。*10 こげな時*11 こそ、水天宮様《すいてんぐうさま》によか知恵《ちえ》ば借りらんと。*12 はよう水天宮様にお願いに行ってこんの*13」

ち、いうた。

そいで、*14 みんなで水天宮様にお願いに行かした。

総代《そうだい》たちは水天宮の神様にいままでのこつ*15 ば話して、

「助けてください」

ちお願いしたところ、水天宮の神様は、

「そんなに困っとるなら、知恵ば貸してやろう」

ち、いうた。

＊6 勝てる者は
＊7 〜けれど
＊8 だれも
＊9 そんなに
＊10 だめだ
＊11 こんな
＊12 借りないと
＊13 行ってこい
＊14 それで
＊15 ことを

そこでさっそく、筑後川の河童の大将九千坊《くせんぼう》を呼んで、いわれたげな。

「三日後の夜に水天宮に来るように。たけのこ料理でもてなす。総代たちも一緒である」

九千坊はご馳走《ちそう》が食べられるけん、[16] 喜んで返事ばして帰ったげな。

その日がきたげな。

九千坊は強そうな河童を十人も連れてきたげな。

水天宮の神様はいうた。

「春はたけのこの一番美味《おい》しい季節である。心がこもったたけのこ料理を出すので、残さず食べるように」

まず、たけのこの煮染《にし》めが出たげな。

総代たちは、

「こりゃあ、うまか、うまか」

ちいうて、ニコニコしながら食べよらした。

---

*16　～から

河童も食べてみたげな。

「こりゃあ、かたか。あごがはずるるばい[*17]」

九千坊はたけのこの煮染めば「うまい、うまい」ち食べよる人間が急に恐ろしくなり、自分の目を大きく開けて、クル、クル、クルと三回その目ば回して合図《あいず》すると、

「それ、逃げろ！」

ちいうて、筑後川に逃げて帰ったげな。

それから不思議と、河童のいたずらは止まったげな。

水天宮の神様は、人間にはたけのこの柔らかなところを、河童にはたけのこの硬いところを、二つに分けて出されたのだった。

そいから村のもんは川で泳ぐとき、お守りとして小さな竹の筒《つつ》に水天宮のお守りば入れて、必ず身に着けて泳いだとばい。

はい、おしまい。

＊17　あごが外れる

【解説】

この民話に出てくる水天宮は、全国にある水天宮の総本宮です。祭神は天御中主神《あめのみなかぬし》、安徳天皇（平家）、建礼門院を祀っており、主に漁業や船の仕事をする人々に信仰されています。

水天宮にほど近い筑後川は、別名「あばれ川」とも言われており、たびたび水害に襲われていたことから、人々は土手を作って高いところに家を建てて水害を避ける必要がありました。

ひとたび水害が起きれば、手が出せないあばれ川に「はやく鎮まれ」と祈るための場所としても、水天宮は人々の心のよりどころとなったのです。

また、筑後川には河童がいて、彼らが暴れているから大水害になるのだ、という河童伝説も残されています。

この河童たちは源平合戦で負けて海に沈んで死んだ平家の人々が、河童になってあばれているのだとする説もあります。

他にも、中国から河童が渡ってきて久留米に住み着いたとする話や、久留米の水天宮は筑後川の河童のふるさとであるとする話もあります。

民話の中では、河童が嫌いな竹を身体に貼り付けて水難除けをしていましたが、今日ではこれは「瓢箪《ひょうたん》」になっています。昔は水天宮祭が行われると必ず、首にかける「瓢箪」を子供の水難除けのお守りとして買ったものでした。

自然災害の被害を抑えるためには、情報交換と知恵の出し合いが欠かせませんでした。そのための場所として活用された神社仏閣の役割や、協力・協調の大切さを、この民話は語っているといえるでしょう。

おわりに

私が民話に興味を持ったきっかけは、実母の話し方の上手さにありました。貧乏人が嫌味な金持ちをアッといわせる話は爽快で、子が親のために頑張る話は自然と応援し、幽霊の話は特別に怖い。実母の口から語られる民話の数々は、耳を傾けておくと、ひとりでに内容が伝わり、まるでその場にいるように情景が浮かんできました。

やがて私は結婚し、大川市に移り住むことになりました。私の義父は、短歌を趣味として、歴史や民話などを学ぶ博識な人物でした。

そもそも、義父が子供たちに語ってくれた筑後の民話を書き留めたのが、私の民話収集の始まりです。

しかし実母が亡くなり、義父が亡くなると、我が家から民話が消えていってしまいました。語ることで受け継がれてきた民話は、語る人がいなくなれば一緒に消えてしまう。当然のことです。

その寂しさもあって、私は子供と一緒に小学校で開催されている「母と子の読書会」に入り、民話収集を活発に行うようになります。

そしてなにより、この会への参加は素晴らしい出会いをもたらしてくれました。会には大川の語り部である、故・江口松男氏や松尾静雄氏らがいらっしゃいました。お二人のお話は、日本民話の会、日本口承文芸学会の会員であった故・松谷みよ子氏が一九九八年に上梓された『筑後ん昔ばなし』にも収められています。

また、郷土の文化を正しく理解し、心から郷土を愛していただけるようにと、一九九九年に大川市教育委員会から出版された『じっちゃんのしよてンはなし』でもお力添えをいただいています。巧みな方言と力強い語りは、このお二人にしか出せないものでしょう。

そんな中、私に大川市議会議員出馬の話が舞い込んできました。

準備不足ではありましたが、多くの方々に支えられて当選することができました。

しかし地方自治は難しく、この土地の特色や知識をより専門的に学ぶ必要を感じるようになり、私は二〇〇二年に久留米大学大学院で比較文化研究の勉強をすることにしました。

保坂恵美子教授の指導により、民話、ジェンダー、政治からの視点を取り入れた比較文化研究の論文が出来上がります。

それが「ジェンダーから見る民話」でした。

久留米大学大学院修了後、同大学の大矢野栄次教授の推薦もあり、大学生を相手に「久留米学」という講義で、筑後川流域の民話を教えるようになりました。

筑後川流域の民話は、同じ河童の話であっても、上流、中流、下流、海とそれぞれ違う形で語られています。それは民話を語り継いできた人々の生活様式や慣習、世界観や宗教観が多分に影響しているからです。

民話はその時々の思想や情勢に合わせて話し換えられ、書き換えられて今日に至っています。

平成の時代は終わり、新しい令和の時代に入り、私もいずれは過去の人間になっていきます。ですが、先人たちが残した、方言で語る民話は、なにごとにも代えがたい貴重な財産なのです。

私たちはこれをきちんと継承し、次の世代に引き継いでいく責任があります。その思いで『民話いっちょ、食べてみらんの』を出版することになりました。

なお、出版にあたって御協力をいただきました、久留米大学大矢野栄次教授をはじめ、賑やかな表紙をデザインしてくださった東村有里氏、長きにわたって編集に携わってくださった大川市地域おこし協力隊の竹尾恵介氏、梓書院の森下駿亮氏にはこの場を借りて厚くお礼を申し上げます。

二〇二〇（令和二）年　二月

川野 栄美子（かわの・えみこ）

【略歴】
福岡県久留米市生まれ、大川市在住
福岡女学院短期大学 卒
久留米大学比較文化研究科博士課程修了　論文『ジェンダーから見る民話』
大川市議員：平成 11 年 4 月 30 日～現在（6 期目）
大川市議長：平成 29 年 6 月 12 日～平成 31 年 4 月 29 日
令和 1 年 5 月 13 日～現在（2 期目）
《著書》
絵本：『あがろっぽん』、『神籠石はみてござる』、『風浪宮と磯良丸』
紙芝居：『ごろごろさんと葦の葉』

カバーイラスト：有里（Yuuri）

イラストレーター、コンセプトアーティスト
ゲーム会社を経て、2018 年秋からフリーランスとして活動
主にゲーム、アニメ、映画等のコンセプトアート、設定画、イラストを手掛ける。
Twitter : @tenkichi1212

筑後川流域の民話
民話《みんわ》いっちょ、食《た》べてみらんの

発行日　2020 年 4 月 15 日初版発行
著　者　川野栄美子
発行者　田村明美
発行所　株式会社梓書院
福岡市博多区千代 3－2－1
092－643－7075

印刷・製本　亜細亜印刷

ISBN：978-4-87035-663-4